ケース別

法定相続情報証明制度
書類作成のポイント

―法定相続情報一覧図・申出書―

編集　日本司法書士会連合会

新日本法規

は　し　が　き

　近年、所有者不明土地問題や空き家問題に対して急速に社会的関心が高まっていますが、その問題発生要因の一つとして、相続登記が未了のまま放置されていることが指摘されています。

　法務省では、相続登記未了問題への対応に向けて、相続手続の負担軽減と相続人に対する相続登記の直接的な促しの契機となる新たな制度として、法定相続情報証明制度を創設し平成29年5月29日からその運用を開始しています。

　また、平成30年3月には相続登記の更なる促進に向け、法定相続情報証明制度の利用範囲の拡大を目的として、法定相続情報一覧図の記載内容の充実化等をするために通達が一部改正され、同年4月1日から実施されています。

　法定相続情報証明制度を利用することにより、複数の金融機関に預金口座があるときや、相続登記と相続税の申告など複数の手続があるときにも、相続人が同じ戸除籍の謄抄本を何通も取り揃える必要がなくなり、また、これらの手続を同時に進めることができるようになります。

　これらの相続人の手続的な負担軽減に加え、提供を受ける関係機関においても、戸籍関係書類一式を読み解く時間や原本を返却するための複写の手間の削減、読み解き間違いによる業務過誤の防止といった利点もあります。

　しかし、本制度の利用に当たっては、申出書のほか、相続関係を図示した法定相続情報一覧図の作成と、その内容を証明するための書類の添付が必要であり、書類作成や申出手続には様々な決まりや制約があるため、これらの注意点をすべて把握して適切に申出を行うのは簡単ではありません。

　そこで、法定相続情報証明制度について、想定される様々なケースを取り上げ、そのケースごとに「法定相続情報一覧図」や「申出書」の作成例を示し、作成時のポイントや必要書類について分かりやすく解説した本書を発刊する運びとなりました。

　現在我が国では、平成30年7月に成立した約40年ぶりの相続法制の大改正となる「民法及び家事事件手続法の一部を改正する法律」や、同年6月に成立した長期相続登記未了土地の解消作業をねらいとした「所有者不明土地の利用の円滑化等に関する特別措置法」など様々な制度の見直しがされており、今後も相続法制は劇的に変化していく

ことが予想されるため、相続に携わる我々専門家の役割はますます重要なものになっ
てくるものと思われます。

　本書の発刊により、各種相続手続の起点として法定相続情報証明制度が広く利用さ
れることを願ってやみません。本書が、そのための実務家の皆様の一助になれば幸い
です。

令和元年（2019年）10月

日本司法書士会連合会会長　今　川　嘉　典

編集・執筆者一覧

編　集　日本司法書士会連合会

《編　集　者》
　大　石　　　信（山梨県司法書士会）

《執　筆　者》(五十音順)
　池　田　誠　治（愛媛県司法書士会　会長）
　植　木　克　明（大阪司法書士会）
　大　石　　　信（山梨県司法書士会）
　大　﨑　宏　則（愛知県司法書士会）
　古　橋　清　二（静岡県司法書士会　副会長）
　山　内　鉄　夫（日本司法書士会連合会　副会長）
　和　田　博　恭（愛知県司法書士会　会長）

※肩書は執筆当時

凡　例

＜本書の内容＞

　本書は、法定相続情報証明制度について、ケース別に法定相続情報一覧図や申出書の作成例を掲げ、作成時のポイントを分かりやすく解説するものです。

＜内容現在＞

　本書の内容は、令和元年9月25日現在における法令、通達等に基づくものです。

＜本書の構成＞

　本書は、「第1章　法定相続情報証明制度と手続の通則」、「第2章　法定相続情報一覧図に記載する相続人」、「第3章　ケース別　書類作成のポイント」で構成しています。

　第3章では、法定相続情報一覧図や申出書の作成時のポイントについて、ケースごとに解説しています。各ケースの構成は、次のとおりです。

Case	・具体的なケースを掲げています。
作成時のポイント	・法定相続情報一覧図や申出書の作成例を示した上で、作成時に注意すべきポイントを**1**、**2**…の番号を付して示しています。 ・**1**、**2**…の番号は、後掲「ポイント解説」中の番号に対応しています。
ポイント解説	・前掲「作成時のポイント」で示した番号ごとに、詳細に解説しています。 ・白色の番号（1、2…）は、他の「Case」において解説しています。
必要書類	・書類作成時や提出時に必要な書類がチェックできるよう、「書類名」、「必要な場合」、「取得先」を表形式で掲げています。

＜表記の統一＞

1　用　語

本書に頻出する用語の略語は次のとおりです。

一覧図	法定相続情報一覧図
一覧図の保管及び 交付の申出	法定相続情報一覧図の保管及び法定相続情報一覧図の写しの交付の申出
一覧図の保管及び 写しの交付	法定相続情報一覧図の保管及び法定相続情報一覧図の写しの交付
同父母（の）	父母の双方を同じくする
異父母（の）	父母の一方のみを同じくする

2　法令等

根拠となる法令等の略記例及び略語は次のとおりです。

不動産登記法第74条第1項第1号＝法74①一

平成28年3月11日民二第219号民事局長通達

　＝平28・3・11民二219

法	不動産登記法
規則	不動産登記規則
相税規	相続税法施行規則
民	民法
基本通達	不動産登記規則の一部を改正する省令の施行に伴う不動産登記事務等の取扱いについて（平29・4・17民二292、一部改正：平30・3・29民二166）

3　判　例

根拠となる判例の略記例及び出典の略称は次のとおりです。

最高裁判所大法廷平成25年9月4日決定、判例時報2197号10頁

　＝最大決平25・9・4判時2197・10

判時	判例時報
民集	最高裁判所（大審院）民事判例集

目　次

第1章　法定相続情報証明制度と手続の通則

第1　法定相続情報証明制度の概要

ページ

1　法定相続情報証明制度とは……………………………………3

2　法定相続情報証明制度新設の背景……………………………3

3　登記所における帳簿の整備……………………………………4

第2　法定相続情報一覧図の写しを相続手続の添付情報とする場合の取扱い

1　不動産登記の申請等における法定相続情報一覧図の写しの取扱い……………………………………………………………5

2　不動産登記の申請以外の利用…………………………………6

第3　手続の流れと申出書類の通則的事項

1　必要書類の収集…………………………………………………7

2　法定相続情報一覧図の作成……………………………………10

3　申出書の作成……………………………………………………12

4　法定相続情報一覧図の保管及び交付の申出…………………13

5　法定相続情報一覧図の写しの交付……………………………15

6　法定相続情報一覧図の写しの再交付の申出…………………17

7　法定相続情報に変更が生じた場合の再度の申出……………18

第2章　法定相続情報一覧図に記載する相続人

第1　はじめに………………………………………………………23

第2　適用される民法について……………………………………23

第3 法定相続情報一覧図に記載する相続人

1 配偶者 ·······25

2 子（第一順位）·······25

3 子の代襲相続人 ·······25

4 直系尊属（第二順位）·······25

5 兄弟姉妹（第三順位）·······25

6 兄弟姉妹の代襲相続人 ·······26

7 胎 児 ·······26

8 相続放棄 ·······26

9 推定相続人の廃除 ·······27

10 相続欠格 ·······27

11 同時死亡 ·······27

第4 法定相続分に影響のある血族関係

1 嫡出子と嫡出でない子がいる場合 ·······28

2 異父母の兄弟姉妹がいる場合 ·······28

第3章 ケース別 書類作成のポイント

第1 法定相続情報一覧図

1 法定相続人が配偶者のみの場合

Case 1 配偶者のみの場合 ·······31

2 法定相続人が配偶者及び子である場合

Case 2 配偶者のほか、子3人がいる場合 ·······37

Case 3 被相続人に離婚歴がある場合 ·······43

Case 4 被相続人に複数回の離婚歴がある場合 ·······46

Case 5 配偶者のほか、嫡出でない子がいる場合（平成25年9月4日以前に開始した相続の場合）·······49

Case 6 配偶者のほか、養子がいる場合 ·······52

Case 7	配偶者のほか、子が多数であり、法定相続情報一覧図が複数枚にわたる場合	55
Case 8	列挙形式（配偶者のほか、子が複数の場合）	59

3 法定相続人が配偶者及び親（父母）等である場合

Case 9	配偶者のほか、親1人（父又は母）がいる場合	63
Case10	配偶者のほか、親2人（父及び母）がいる場合	69
Case11	配偶者のほか、祖父又は祖母1人がいる場合	72

4 法定相続人が配偶者及び兄弟姉妹である場合

Case12	配偶者のほか、兄弟姉妹がいる場合	75
Case13	配偶者のほか、異父母の兄弟姉妹がいる場合	81
Case14	配偶者のほか、同父母の兄弟姉妹及び異父母の兄弟姉妹がいる場合	85
Case15	配偶者のほか、兄弟姉妹が多数であり、法定相続情報一覧図が複数枚にわたる場合	88
Case16	列挙形式（配偶者のほか、同父母の兄弟姉妹及び異父母の兄弟姉妹がいる場合）	92

5 法定相続人が配偶者及び甥・姪である場合

Case17	配偶者のほか、甥・姪がいる場合	96
Case18	配偶者のほか、同父母の兄弟姉妹及び異父母の兄弟姉妹の子である甥・姪がいる場合	103
Case19	配偶者のほか、同父母の兄弟姉妹の子である甥・姪及び異父母の兄弟姉妹の子である甥・姪がいる場合	107
Case20	配偶者のほか、甥・姪が多数であり、法定相続情報一覧図が複数枚にわたる場合	110
Case21	列挙形式（配偶者のほか、同父母の兄弟姉妹及び異父母の兄弟姉妹の子である甥・姪がいる場合）	115

6 法定相続人が子のみの場合

Case22	子3人がいる場合	119
Case23	嫡出でない子がいる場合（平成25年9月4日以前に開始した相続の場合）	125

Case24　養子がいる場合……………………………………………129

Case25　子が多数であり、法定相続情報一覧図が複数枚にわたる場合………………………………………………………………133

Case26　列挙形式（子が複数の場合）…………………………………137

7　法定相続人が親のみの場合

Case27　親1人（父又は母）がいる場合………………………………141

Case28　親2人（父及び母）がいる場合………………………………146

Case29　親2人のうち一方が養父・養母である場合…………………149

8　法定相続人が兄弟姉妹のみの場合

Case30　兄弟姉妹がいる場合……………………………………………152

Case31　異父母の兄弟姉妹がいる場合…………………………………158

Case32　列挙形式（異父母の兄弟姉妹がいる場合）…………………161

9　法定相続人が甥・姪である場合

Case33　甥・姪のみの場合………………………………………………165

Case34　同父母の兄弟姉妹及び異父母の兄弟姉妹の子である甥・姪がいる場合…………………………………………………………172

Case35　同父母の兄弟姉妹の子である甥・姪及び異父母の兄弟姉妹の子である甥・姪がいる場合……………………………………176

Case36　列挙形式（同父母の兄弟姉妹の子である甥・姪及び異父母の兄弟姉妹の子である甥・姪がいる場合）…………………180

10　代襲相続が生じている場合（直系の場合）

Case37　代襲相続が生じている場合（配偶者及び複数の子がおり、子について代襲相続が生じている場合）…………………………184

Case38　再代襲が生じ、法定相続情報一覧図が複数枚にわたる場合（配偶者及び複数の子がおり、子についての代襲者を更に代襲する場合）…………………………………………………………191

11　数次相続が生じている場合

Case39　数次相続が生じている場合（相続発生後、被相続人の配偶者が死亡している場合） ……………………………………196

Case40　数次相続が生じている場合（相続発生後、配偶者及び子が順次死亡している場合） ……………………………………205

第2　法定相続情報一覧図の保管及び交付の申出書

Case41　相続人1人が申出をする場合（被相続人名義の不動産がない場合） ……………………………………………………211

Case42　相続人1人が申出をする場合（被相続人名義の不動産がある場合） ……………………………………………………216

Case43　複数の相続人が連名で申出をする場合…………………………219

Case44　数次相続が生じている場合………………………………………222

第3　法定相続情報一覧図の写しの再交付の申出書

Case45　当初の申出人が再交付の申出をする場合………………………227

Case46　当初の申出人の相続人が再交付の申出をする場合…………………231

第 1 章

法定相続情報証明制度と
手続の通則

2

第1 法定相続情報証明制度の概要

1 法定相続情報証明制度とは

法定相続情報証明制度とは、相続人（不動産登記規則247条3項2号に掲げる書面の記載により確認することができる者に限ります。以下、本章において同じ。）が登記所に対し、被相続人が生まれてから亡くなるまでの戸籍関係の書類をはじめとする必要な書類及び一覧図（被相続人の氏名、最後の住所、最後の本籍、生年月日及び死亡年月日並びに相続人の氏名、住所、生年月日及び続柄の情報）を提出することにより、登記官が上記の内容を確認し、認証文付きの一覧図の写しを交付する制度であり、平成29年5月29日から、全国の登記所でスタートしました。

相続登記の申請手続をはじめ、被相続人名義の預金の払戻し等、様々な相続手続には、一般的に、法定相続人を確定するために被相続人が生まれてから亡くなるまでの書類をはじめとする多くの戸籍関係の書類が必要となりますが、これらの手続を申請する相続人が何度も同じ書類を揃えなければならず、また、相続手続を担当する部署では戸籍の束から相続人を確実に捕捉するために多くの労力を費やす必要があります。

しかし、法定相続情報証明制度がスタートしたことにより、登記官が内容を確認して交付された一覧図の写しにより法定相続人が一目瞭然となるため、相続手続に係る相続人及び手続の担当部署双方の負担が大きく軽減されることとなりました。

2 法定相続情報証明制度新設の背景

このような法定相続情報証明制度が新設された背景には、不動産登記記録の記載によっても所有者が判明しない不動産の増加という問題があります。このような所有者不明不動産の問題により、公共事業用地の取得に長期間を要したり、空き家の放置、遊休農地の発生、農地集約化の妨げ、森林の適正な管理ができないなど、様々な社会問題が生じています。

地価の上昇が続き、不動産の資産価値に関心が高かった時代、地縁・血縁関係が強かった時代では、相続が発生すれば相続人名義に相続登記がされることにより、不動産の所有者が不明となることは比較的少なかったものと推測されます。

しかし、今日では不動産に対する関心は多様化し、必ずしも所有を望まず、むしろ管理や課税に対する負担感さえ抱くようになり、その結果として遺産分割や相続登記がなされずに放置されるケースも多数生じているのが実情です。また、遺産分割や相

続登記がなされないうちに相続人に更に相続が発生し、それが何代にもわたることにより、解決が一層難しくなっているケースも少なくありません。

近年では、地方自治法に基づく認可地縁団体が所有する不動産に係る登記制度や、農地法や森林法に基づき利用権の設定を行う制度など、土地の利用目的や状況に応じた新たな制度も少しずつ整備されています。また、死亡届の提出を受けた場合や、固定資産税納税通知書を送付する場合に、相続登記や農地・森林の届出に関する手続を案内する自治体も出てきているようですが、所有者不明不動産の根本的な解決には程遠いものと思われます。

平成28年6月2日に閣議決定された「経済財政運営と改革の基本方針2016」では、「第2章 成長と分配の好循環の実現」の中で、「不動産ストックのフロー化による投資の促進、地域経済の好循環を図るため、リート市場の機能強化、成長分野への不動産供給の促進、小口投資を活用した空き家等の再生、寄附等された遊休不動産の管理・活用を行うほか、鑑定評価、地籍整備や登記所備付地図の整備等を含む情報基盤の充実等を行う。また、空き家の活用や都市開発等の円滑化のため、土地・建物の相続登記を促進する」こととされ、政府として相続登記の促進に取り組むこととされました。

しかし、相続登記を申請する際には被相続人の相続人を確定するための戸籍謄本等の情報を提供しなければならないところ、提供する戸籍謄本等が改製等により複数必要となるため、これらを取り揃えることが煩雑で、相続登記を申請する意欲が削がれてしまうということも考えられます。

このような背景から、相続登記を促進するため、「法定相続情報証明制度」が新設されました。

3 登記所における帳簿の整備

法定相続情報証明制度をスタートするに当たり、登記所には、一覧図を適正に保管するために、法定相続情報一覧図つづり込み帳が備えられました（規則18三十五）。そして、法定相続情報一覧図つづり込み帳には、一覧図及びその保管の申出に関する書類がつづり込まれます（規則27の6）。

具体的には、一覧図のほか、申出書、申出書に記載されている申出人の氏名及び住所と同一の氏名及び住所が記載されている市町村長（特別区の区長を含むものとし、地方自治法252条の19第1項の指定都市にあっては、区長又は総合区長とします。以下同じ。）その他の公務員が職務上作成した証明書（当該申出人が原本と相違ない旨を記載した謄本を含みます。）及び代理人の権限を証する書面がつづり込まれます。

法定相続情報一覧図つづり込み帳の保存期間は作成の年の翌年から5年間とされ（規則28の2六）、保存期間を経過した場合には廃棄されます。

第2　法定相続情報一覧図の写しを相続手続の添付情報とする場合の取扱い

1　不動産登記の申請等における法定相続情報一覧図の写しの取扱い（基本通達第2 2）

登記名義人等の相続人が登記の申請やその他の不動産登記の手続をする場合において、一覧図の写しを提供したときは、その一覧図の写しの提供をもって、相続があったことを証する市町村長その他の公務員が職務上作成した情報の提供に代えることができます（規則37の3）。

この取扱いによる具体的な申請・手続としては主に次のものが該当します。

① 　一般承継人による表示に関する登記の申請（法30）

② 　区分建物の表題登記の申請（法47②）

③ 　一般承継人による権利に関する登記の申請（法62）

④ 　相続による権利の移転の登記（法63②）

⑤ 　権利の変更等の登記（債務者の相続）（法66）

⑥ 　所有権の保存の登記（法74①一）

⑦ 　筆界特定の申請（法131①）

⑧ 　地図等の訂正（規則16①）

⑨ 　登記識別情報の失効の申出（規則65①）

⑩ 　登記識別情報に関する証明（規則68①）

⑪ 　土地所在図の訂正等（規則88①）

⑫ 　不正登記防止申出（不動産登記事務取扱手続準則35）

⑬ 　事前通知に係る相続人からの申出（不動産登記事務取扱手続準則46）

また、登記名義人等の相続人が登記の申請をする場合において、一覧図の写しが提供された場合であって、その一覧図の写しに相続人の住所が記載されているときは、登記官は、当該写しをもって、当該相続人の住所を証する情報として取り扱って差し支えないとされています。

なお、登記の申請人が添付した一覧図の写しは原本を還付することができ、原本の還付を請求する申請人は、原本と相違ない旨を記載した謄本を提出しなければなりません（規則55①②）。この場合に、いわゆる相続関係説明図が提出されたときは、当該相続関係説明図は一覧図の写しの謄本として取り扱われ、一覧図の写しについては原本還付することができます。

すなわち、相続登記の申請において提出される相続関係説明図は、一般的に、不動産登記規則247条3項2号（被相続人（代襲相続がある場合には、被代襲者を含みます。）の出生時からの戸籍及び除かれた戸籍の謄本又は全部事項証明書）及び同項4号（相続開始の時における同順位の相続人の戸籍の謄本、抄本又は記載事項証明書）に掲げる書面（以下、両者を総称して「戸除籍謄抄本」といいます。以下、本章において同じ。）から判明する相続人のみを記載した一覧図の写しよりも多くの情報を含んでおり、相続登記の審査において有益なものであるため、一覧図の写しに加えて相続関係説明図も提出された場合には、平成17年2月25日民二第457号民事局長通達における相続関係説明図の取扱いと同様に、一覧図の写しはそのまま還付することができるわけです。

もっとも、一覧図の写しはあくまで相続があったことを証する市町村長その他の公務員が職務上作成した情報を代替するものであり、遺産分割協議書、相続放棄申述受理証明書等までをも代替するものではない点には、注意を要します。

2　不動産登記の申請以外の利用

法定相続情報証明制度は、所有者不明土地問題や空き家問題の大きな一因とされている相続登記の未了状態を抑止し、相続登記を促進するために創設されたものですが、その利用場面は相続登記手続に限られず、相続に起因する「その他の手続」も想定されています。

一覧図の写しの提供をもって戸除籍謄抄本の提供に代えることができることを法定しているものには、不動産登記手続や相続税の申告手続がありますが、その他の手続における利用について相続があったことを証する情報として取り扱うかはそれぞれの提出先の任意です。しかし、被相続人名義の預貯金の解約手続や株式の相続手続など、実際にも様々な場面で活用されています。

第3　手続の流れと申出書類の通則的事項

1　必要書類の収集

（1）　添付書面

　一覧図の保管及び交付の申出書には、申出人又はその代理人が記名押印するとともに、一覧図をはじめ、以下の各書面を添付しなければなりません（規則247③）。

① 　被相続人（代襲相続がある場合には、被代襲者を含みます。）の出生時から死亡時までの戸除籍謄本又は全部事項証明書（規則247③二、基本通達第2　5(1)）、かつ、兄弟姉妹が相続人となる場合は、被相続人の父母の出生時から死亡時までの戸除籍謄本又は全部事項証明書

　　除籍又は改製原戸籍の一部が滅失等していることによりその謄本が添付できない場合は、当該謄本に代えて「除籍等の謄本を交付することができない」旨の市町村長の証明書を添付することで差し支えありません。また、市町村の取扱いにより当該証明書が発行されない場合は、市町村の担当者が「交付不能」の文言を記載した除籍等の謄本の交付請求書をもって代替することで差し支えありません。

　　このような取扱いは、除籍等が滅失等している場合の相続登記に関する通達（平28・3・11民二219）が発出され、他に相続人はいない旨の相続人全員の証明書の提供は不要とされたことから、本制度においてもこれと同様の取扱いをすることとされたものです。

　　これに対し、例えば被相続人が日本国籍を有しないなど戸除籍謄抄本の全部又は一部を添付することができない場合は、一覧図の保管及び交付の申出をすることはできません。

② 　相続開始の時における同順位の相続人の戸籍の謄本、抄本又は記載事項証明書（規則247③四）

　　相続人の戸籍の謄本、抄本又は記載事項証明書に有効期限はありませんが、被相続人の死亡日よりも後に発行されたものでなければなりません。これは、一覧図が被相続人の死亡時点の相続人を表すものであるからです。

　　なお、数次相続により複数の被相続人に係る一覧図の保管及び交付の申出が同時にされた場合において、添付書面たる戸除籍謄抄本の一部がそれぞれの申出において兼ねられるときは、当該戸除籍謄抄本については複数の申出を通じて1通を添付すれば足ります。

③ 　被相続人の最後の住所を証する書面（規則247③三、基本通達第2　5(2)）

　　被相続人の最後の住所を証する書面とは、被相続人に係る住民票の除票や戸籍の附票が当たります。

これらの書面が市町村において廃棄されているため発行されないときは、申出書への添付を要しません。しかしこの場合は、申出書及び一覧図には、被相続人の最後の住所の記載に代えて被相続人の最後の本籍を記載する必要があります。このような取扱いは、令和元年6月19日までは住民票の除票や戸籍の附票の除票の保存期間が「消除された日から5年間」とされており、保存期間経過後は自治体の判断によっては廃棄されてしまうこともあったからです。

なお、一覧図の保管及び交付の申出に際しては、被相続人を登記名義人とする不動産登記記録上の住所と被相続人の最後の住所とが異なっている場合でも、被相続人と登記名義人との同一性を証する書面の添付は不要ですが、相続登記の申請に際しては、別途、被相続人と登記名義人との同一性を証する書面の添付が必要になります。

④　一覧図に相続人の住所を記載したときは、その住所を証する書面（規則247④、基本通達第2　6）

相続人の住所は、一覧図の任意的記載事項ですので、相続人の住所の記載をしない場合は、相続人の住所を証する書面の添付は不要です。

なお、相続人の住所を証する書面と、下記⑥の申出人の氏名・住所を確認する書面を1通の住民票記載事項証明書で兼ねることも可能です。もっとも、申出人の氏名・住所を確認する書面は申出人に返却されませんので、申出人が当該書面の返却を求めるときは、当該住民票記載事項証明書の謄本（原本と相違がない旨の記載があるもの）も添付する必要があります。

⑤　申出人が相続人の地位を相続により承継した者であるときは、これを証する書面（規則247③五、基本通達第2　5(3)）

この書面には、当該申出人の戸籍の謄抄本又は記載事項証明書が該当しますが、上記①及び②の書面により申出人が相続人の地位を相続により承継したことを確認することができるときは、別途の添付は必要ありません。

⑥　申出書に記載されている申出人の氏名及び住所と同一の氏名及び住所が記載されている市町村長その他の公務員が職務上作成した証明書（当該申出人が原本と相違がない旨を記載した謄本を含みます。）（規則247③六、基本通達第2　5(4)）

この書面には、住民票記載事項証明書や運転免許証の写し（申出人が原本と相違がない旨を記載したもの。なお、この場合には、申出人の署名又は記名押印を要します。）などが該当します。登記官はこれらの書面によって申出人の本人確認を行うこととなります。

⑦　代理人によって申出をするときは、代理人の権限を証する書面（規則247③七、基本通達第2　5(5)）

代理人の権限を証する書面は、代理人の類型に応じてそれぞれ下記のとおりとなります。また、原本の添付に加えて、代理人が「原本と相違がない」旨を記載して署名又は記名押印をした謄本が添付された場合は、登記官は、それらの内容が同一であることを確認した上で原本を返却することとなります。

なお、代理人の権限を証する書面のうち、市町村長、登記官その他の公務員が職務上作成したもの（成年後見人が代理する場合における後見登記等ファイルの登記事項証明書など）は、作成から3か月以内のものである必要はありません。

㋐　法定代理人の場合

法定代理人の権限を証する書面は、法定代理人それぞれの類型に応じて次に掲げるものが該当します。

ⓐ　親権者又は未成年後見人

申出人たる未成年者に係る戸籍の謄抄本又は記載事項証明書

ⓑ　成年後見人又は代理権付与の審判のある保佐人・補助人

申出人たる成年被後見人又は被保佐人・被補助人に係る後見登記等ファイルの登記事項証明書（被保佐人・被補助人については、代理権目録付きのもの）

なお、保佐人・補助人の代理権目録の記載は、「法定相続情報一覧図の保管及び交付の申出に関する件」という具体的な記載までは必要なく、「財産の管理・処分」や「相続に伴う不動産登記の申請」など、相続手続に関する代理権が認められていれば足ります。

また、成年後見人等に係る後見登記等ファイルの登記事項証明書に代えて、後見等開始及び成年後見人等の選任に係る審判書及び確定証明書を添付することも可能です。

ⓒ　不在者財産管理人・相続財産管理人

申出人たる各管理人の選任に係る審判書

なお、不在者財産管理人・相続財産管理人の選任の審判については、審判の告知と同時にその効力が生じ即時抗告をすることができないことから、確定証明書は不要です（家事事件手続法74②）。

㋑　委任による代理人の場合

代理人の権限を証する書面は、委任状のほか、委任による代理人それぞれの類型に応じて次に掲げるものが該当します。

ⓐ　親族（6親等内の血族、3親等内の姻族及び配偶者）

申出人との親族関係が分かる戸籍の謄抄本又は記載事項証明書

なお、親族による代理について、代理人の権限を証する書面が上記②の戸籍謄抄本と同一である場合には、当該代理人の権限を証する書面の添付を省略す

ることができます。ただし、代理人の権限を証する書面は、その謄本（原本と相違がない旨の記載があるもの）がなければ代理人に返却されませんので、代理人が戸籍謄抄本の返却を求めるときにはその謄本も添付する必要があります。

ⓑ　戸籍法10条の2第3項に掲げる者

　　士業団体所定の身分証明書の写し等

　　具体的には、カード形式の身分証、書面形式の身分証明書、職印に係る印鑑証明書などです。

　　なお、代理人が各士業法の規定を根拠に設立される法人の場合は、当該法人の登記事項証明書が必要となります。ただし、この場合の登記事項証明書は、作成から3か月以内のものである必要はありません。なお、申出書に当該法人の会社法人等番号を記載したとしても、登記事項証明書の添付を省略することはできません。

(2)　添付書面が不足している場合

　添付書面が不足している場合、登記官は、申出人又は代理人に不足している添付書面を伝え、一定の補完期間を設けてその添付を求めることとなります（基本通達第2　7(2)イ）。

(3)　不足している添付書面が補完されない場合

　添付書面の不足が補完されない場合、申出人又は代理人に対し、申出書及び添付書面を返戻する旨が通知されるとともに、窓口において返戻を受ける場合はそのための出頭を、送付によって返戻を受ける場合は必要な費用の納付をすることになります。これらの求めにも応じない場合は、申出があった日から起算して3か月を経過した後、登記官は当該申出書及び添付書面を廃棄することができるとされています（基本通達第2　7(2)ウ）。

2　法定相続情報一覧図の作成

　一覧図には、被相続人に関しては、その氏名、生年月日、最後の住所及び死亡の年月日を、相続人に関しては、相続開始の時における同順位の相続人の氏名、生年月日及び被相続人との続柄を記載する必要があります（規則247①一・二）。また、申出人の任意により、相続人の住所を記載することもできます。記載する場合は、相続人の住所を証する書面が必要になります（規則247④）。なお、最後の本籍は、被相続人については記載することが推奨されていますが、相続人については本籍は記載事項ではありません。

第1章　法定相続情報証明制度と手続の通則　　11

　一覧図には作成の年月日を記載し、申出人が記名するとともに、一覧図を作成した申出人又はその代理人が署名し、又は記名押印する必要があります（規則247③一）。なお、司法書士が代理人として一覧図を作成した場合には、職印の押印を要すると解されています（司法書士法施行規則28①）。

　一覧図の作成に当たっては、次の事項を踏まえる必要があります（基本通達第2　3(3)）。

① 被相続人と相続人とを線で結ぶなどし、被相続人を起点として相続人との関係性が一見して明瞭な図による記載とすること。

　　ただし、被相続人及び相続人を単に列挙する記載としても差し支えありません（機微な身分関係の関係性が明示されない方法も認めるべきとの意見に配慮したため）。

② 被相続人の氏名には「被相続人」と併記すること。

③ 相続手続での利便性を高める観点から、被相続人の「最後の住所」に並べて「最後の本籍」も記載することが推奨されていること。

　　なお、被相続人の最後の住所を証する書面が市町村において廃棄されているため発行されないときは、被相続人の最後の住所の記載に代えて被相続人の最後の本籍を記載する必要があります。

④ 相続開始の時における同順位の相続人の氏名等を記載すること。

　　被相続人の死亡日以前に子が死亡したことにより直系尊属又は兄弟姉妹が相続人となった場合は、子の記載は不要です。

　　また、数次相続が生じている場合には、被相続人死亡後に死亡した相続人についての一覧図を別に作成する必要があります（基本通達第2　3(4)）。

⑤ 被相続人との続柄の表記については、戸籍に記載される続柄を記載すること。

　　被相続人の配偶者であれば「夫」や「妻」、子であれば「長男」、「長女」、「養子」などとします。ただし、続柄の記載は、あくまで被相続人との続柄である必要がありますので、戸籍に記載される続柄では表記することができない場合があります。例えば、被相続人の兄弟姉妹が相続人である場合は「妹」や「弟」とし、代襲相続がある場合であって被相続人の孫が代襲相続人となる場合は「孫」と記載することになります。

　　なお、申出人の任意により、被相続人の配偶者が相続人である場合にその続柄を「配偶者」としたり、同じく子である場合に「子」としたりすることも差し支えありません。

⑥ 申出人が相続人として記載される場合、一覧図への申出人の記名は、当該相続人の氏名に「申出人」と併記することに代えて差し支えないこと。

⑦　一覧図の作成をした申出人又は代理人の署名等には、住所を併記すること。

　　なお、作成者が戸籍法10条の2第3項に掲げる者（弁護士、司法書士、土地家屋調査士、税理士、社会保険労務士、弁理士、海事代理士、行政書士（各士業法の規定を根拠に設立される法人を含みます。））である場合は、住所については事務所所在地とし、併せてその資格の名称をも記載します。

⑧　相続人の住所を記載する場合は、当該相続人の氏名に当該住所を併記すること。

⑨　推定相続人の廃除がある場合、その廃除された推定相続人の氏名、生年月日及び被相続人との続柄は記載は要しないこと。

⑩　代襲相続がある場合、代襲した相続人の氏名に「代襲者」と併記すること。

　　この場合、被相続人と代襲者の間に被代襲者がいることを表すこととなりますが、その表記は、例えば「被代襲者（年月日死亡）」とすることで足ります。

⑪　一覧図は、日本工業規格A列4番の丈夫な用紙をもって作成し、記載に関しては明瞭に判読できること。

3　申出書の作成

　一覧図の保管及び交付の申出は、以下に掲げる事項を記載した申出書を提供してする必要があります（規則247②）。

①　申出人の氏名、住所、連絡先及び被相続人との続柄（規則247②一）

　　申出人を複数の相続人とする、いわば共同申出をすることは可能です。この場合は、申出書に別紙を付すなどして、申出人の表示を列挙する方法により記載します。

②　一覧図の保管及び交付の申出を代理人によってする場合は、当該代理人の氏名又は名称、住所及び連絡先並びに代理人が法人であるときはその代表者の氏名（規則247②二）

　　なお、申出人の法定代理人又はその委任による代理人にあってはその親族若しくは戸籍法10条の2第3項に掲げる者（弁護士、司法書士、土地家屋調査士、税理士、社会保険労務士、弁理士、海事代理士及び行政書士（各士業法の規定を根拠に設立される法人を含みます。））に限られます（規則247②二）。

③　利用目的及び交付を求める通数（規則247②三・四）

　　なお、登記官は、申出書に記載された利用目的が相続に起因する登記その他の手続に係るものであり、その提出先が推認できることを確認することとなります。したがって、単に「相続手続に必要なため」と記載されただけでは提出先を推認することができませんので、例えば「株式の相続手続」など、提出先が推認できる程度の具体的な記載が求められます。

第1章　法定相続情報証明制度と手続の通則　　13

　　交付を求める通数については、登記官が、その利用目的に鑑みて合理的な範囲内であることも確認することとなりますので、無制限に何通も交付請求できるわけではありません（基本通達第2　4(4)）。

④　被相続人を表題部所有者又は所有権の登記名義人とする不動産があるときは、不動産所在事項又は不動産番号（規則247②五）

　　被相続人を表題部所有者又は所有権の登記名義人とする不動産が複数ある場合には、そのうちの任意の一つを記載することで足ります。しかし、被相続人を表題部所有者又は所有権の登記名義人とする不動産の所在地を管轄する登記所に申出をする場合には、当該登記所の管轄区域内の不動産所在事項又は不動産番号を記載する必要があります（基本通達第2　4(5)）。

⑤　申出の年月日（規則247②六）

　　申出の年月日が、登記所における一覧図の写しの作成基準日となります。

　　ただし、郵送による申出の場合は、申出書に記載した日ではなく、登記所が申出書及び添付書面を受領した日が申出日となります。また、申出書や一覧図に誤りがあったり添付書面に不足があったりした場合は、これらを補完した日に申出があったものとみなされることになります（基本通達第2　7(4)イ(ア)）。そして、これらの日付が、一覧図の写しに付記される認証文における「申出のあった日」となります。

⑥　送付の方法により一覧図の写しの交付及び不動産登記規則247条6項の規定による書面の返却を求めるときは、その旨（規則247②七）

　　なお、一覧図の保管及び交付の申出書は、後掲【書式1】法定相続情報一覧図の保管及び交付の申出書又はこれに準ずる様式によらなければなりません。

4　法定相続情報一覧図の保管及び交付の申出

(1)　申出人

　　登記名義人等について相続が開始した場合において、その相続に起因する登記その他の手続のために必要があるときは、その相続人又は当該相続人の地位を相続により承継した者（いわゆる数次相続が生じている場合の相続人）は、一覧図の保管及び写しの交付を申し出ることができます（規則247①）。

　　したがって、例えば法律上の婚姻をしていない内縁の妻は相続人ではないため、一覧図の保管及び交付の申出を行うことはできません。また、被相続人又は相続人の債権者などの利害関係人も、一覧図の保管及び交付の申出を行うことはできません。

　　ここで「その他の手続」とは、その手続の過程において相続人を確認するために戸

除籍謄抄本の提出が求められるものをいい、例えば筆界特定の申請や地図等の訂正の申出のみならず、金融機関における預貯金の払戻手続等も想定されています。

以上のように、一覧図の保管及び交付の申出は、その相続に起因する登記その他の手続のために必要があるときでなければすることができず、単に遺産分割協議の参考資料として利用する場合や相続関係説明図そのものを作成する目的の場合には、一覧図の保管及び交付の申出をすることはできません。

（2）管　轄

一覧図の保管及び交付の申出は、①被相続人の本籍地、②最後の住所地、③申出人の住所地又は④被相続人を表題部所有者若しくは所有権の登記名義人とする不動産の所在地を管轄する登記所の登記官に対してすることができます（規則247①）。登記官は、専ら申出書に記載された情報や添付書面に基づき、これらの登記所のいずれかに該当することを確認します。

また、数次相続においてそれぞれの相続に係る申出先登記所が異なる場合（例えば、一次相続においてその被相続人Aが所有権の登記名義人となっている不動産を管轄する甲登記所に申出をしようとしたときに、併せて申出をしようとする二次相続の被相続人Bについては、上記①～④のいずれの申出先登記所にも甲登記所が当たらない場合など）は、各次の相続に係る申出を同時にする場合に限り、一次相続（又は二次相続）に係る申出先登記所で二次相続（又は一次相続）に係る申出をすることができるものと取り扱われています。

なお、一覧図の保管及び交付の申出は、これらの登記所に出頭してするほか、送付の方法によってすることもできます。

（3）一覧図の保存

登記官は、申出人から提供された申出書の添付書面によって確認した法定相続情報の内容と、一覧図に記載された法定相続情報の内容とが合致していることを確認したときは、一覧図の写しの作成のため、次の方法により一覧図を保存します（基本通達第27(3)）。

ア　法定相続情報番号の採番

登記官は、登記所ごとの法定相続情報番号を採番し、申出書の所定の欄に記入します。

イ　一覧図の保存

登記官は、次の方法により一覧図を登記所に保存します。

①　添付された一覧図をスキャナを用いて読み取ることにより電磁的記録に記録する。

② アで採番した法定相続情報番号、申出年月日、被相続人の氏名、生年月日、最後の住所（最後の住所を証する書面を添付することができない場合は、最後の本籍）及び死亡の年月日を電磁的記録に記録する。

③ ②に際し、被相続人の氏名に誤字・俗字が用いられている場合は、これを正字等（原則として通用字体）に引き直して電磁的記録に記録する。

5 法定相続情報一覧図の写しの交付

(1) 一覧図の内容の確認

登記官は、申出人から提供された申出書の添付書面によって法定相続情報の内容を確認し、その内容と一覧図に記載された法定相続情報の内容とが合致していることを確認したときは、一覧図の写しを交付します（規則247⑤前段）。

また、一覧図の写しには、申出に係る登記所に保管された一覧図の写しである旨の認証文が付され、作成の年月日及び登記官の職氏名が記載され、職印が押印されます（規則247⑤後段）。

添付された一覧図の記載に、その他の添付書面から確認した法定相続情報の内容と合致していないなどの誤りや遺漏がある場合、登記官は、申出人又は代理人にその内容を伝え、速やかに当該一覧図の誤り等を訂正させ、清書された正しい一覧図の添付を求めることとなります。提供された申出書に誤りがある場合も同様です（基本通達第2 7(2)）。

(2) 一覧図の訂正

一覧図の訂正については、何字削除何字加入などのいわゆる「見え消し」の方法による訂正は認められず、新たに作成し直すか、修正テープ等により修正する必要があります。例えば、次の場合は、訂正を求められることになります。

① 相続人について、法定相続分や遺産分割協議の結果又は相続放棄の有無や相続欠格の旨を併記した場合（これらの事由を証する書面を添付した場合を含みます。）

② 被相続人について登記記録上の住所を併記した場合

③ 被相続人の子のうちの一人が被相続人よりも先に死亡しており、かつ当該子に代襲者がいない場合に、一覧図に当該子の氏名、死亡年月日等を記載した場合

④ 同順位の相続人の中に、被相続人の死亡後に死亡した者がいるときに、その者の死亡年月日を記載した場合

⑤ 離婚した元配偶者や被相続人よりも先に死亡した配偶者の氏名等を記載した場合

⑥ 廃除された推定相続人の氏名等を記載し、○年○月○日に廃除された旨を併記した場合

⑦　廃除による代襲の場合であって、被代襲者の記載について、その者の氏名を記載した場合

一方、次の場合については、訂正を求められることはありません。

①　続柄について、「妻」等を「配偶者」として記載した場合

②　続柄について、「長男」等を「子」として記載した場合

③　離婚した元配偶者や被相続人よりも先に死亡した配偶者について、具体的な氏名、生年月日や死亡年月日は記載せず、単に「元配偶者」や「（女）」と記載した場合など、その記載によって相続人のうちの一人との誤認を受けない場合

④　列挙形式の一覧図に相続人である子について、「嫡出子」や「嫡出でない子」と併記した場合

⑤　列挙形式の一覧図に、兄弟姉妹が相続人であって、父母の一方のみを同じくする兄弟姉妹と父母の双方を同じくする兄弟姉妹がいる場合にその旨を併記した場合

⑥　死亡による代襲の場合であって、被代襲者の記載について、その者の氏名を記載した場合

　　（3）　一覧図の写しの作成（基本通達第2　7(4)）

一覧図の写しは、偽造防止措置が施された専用紙を用いて作成されます。また、一覧図の写しには「これは、令和〇年〇月〇日に申出のあった当局保管に係る法定相続情報一覧図の写しである。」との認証文が付記され、登記官の職氏名が「〇法務局（〇地方法務局）〇支局（〇出張所）登記官　〇〇」と記載されます。さらに、「本書面は、提出された戸除籍謄本等の記載に基づくものである。相続放棄に関しては、本書面に記載されない。また、相続手続以外に利用することはできない。」との注意事項も付記されます。

なお、一覧図の誤り等を補完させた場合は、その補完がされた日が申出のあった日とみなされます。同様に、不足している添付書面を補完させた場合は、当該添付書面の発行がいつであるかにかかわらず、不足している添付書面が補完された日が申出のあった日とみなされます。

　　（4）　一覧図の写しの交付及び添付書面の返却

登記官は、一覧図の写しを交付するときは、不動産登記規則247条3項2号から5号まで及び同条4項に規定する添付書面を申出人に返却することとなります（規則247⑥）。この一覧図の写しの交付及び添付書面の返却は、次のとおり取り扱われます（基本通達第2　7(5)）。

　　　　ア　登記所窓口における交付等の取扱い

窓口において一覧図の写しの交付及び添付書面の返却を受けるときは、その交付及

び返却を受ける者は、申出書の申出人の表示欄又は代理人の表示欄に押印したものと同一の印を申出書の「受取」欄に押印し、一覧図の写しの交付及び添付書面の返却を受けることができる者であることを確認します。

なお、一覧図の写しの交付及び添付書面の返却を受ける者が、印鑑を忘失等して押印することができない場合は、申出人の氏名及び住所を証する書面（規則247③六）又は申出書に添付した代理人の権限を証する書面（規則247③七）と同一のものを提示することにより代替することもできます。この場合は、申出書の「受取」欄に、一覧図の写しの交付及び添付書面の返却を受ける者の署名をする必要があります。

また、司法書士等の補助者が印鑑を持参して一覧図の写し及び添付書面の返却を受ける場合は、使者として取り扱われます。そのため、補助者に係る補助者証の提示は必要ありません。

　　　　イ　送付による交付等の取扱い

　一覧図の写しの交付及び添付書面の返却は、送付の方法によりすることもできます（規則248）。この方法によるときは、申出書に記載された当該申出人又は代理人の住所に宛てて送付され、申出書の所定の欄に一覧図の写し及び添付書面を送付した旨が記載されます。

　　　　ウ　申出人又は代理人が受け取らない場合

　一覧図の写し又は添付書面を申出人又は代理人が受け取らない場合は、申出があった日から起算して3か月を経過した後、登記官はこれを廃棄することができます。

6　法定相続情報一覧図の写しの再交付の申出

(1)　再交付の申出

　不動産登記規則247条各項の規定（規則247③一～五及び④を除きます。）は、一覧図の保管及び交付の申出をした者がその申出に係る登記所の登記官に対し一覧図の写しの再交付の申出をする場合について、準用されています（規則247⑦）。

　なお、再交付の申出人となれるのは、当初の申出において申出人となった者とその相続人に限られています（規則247⑦）。当初の申出人の相続人が再交付の申出をするときは、相続人であることを証する書面（戸除籍謄抄本・記載事項証明書等）及び再交付申出人氏名住所確認書面（再交付申出人の氏名・住所を確認できる公的証明書。運転免許証や健康保険証でもよく、写しの場合は再交付申出人の原本証明が必要になります。）の添付が必要となります（規則247⑦・③六）。

　なお、当初の申出人以外の相続人は、再交付の申出をすることはできません。当該相続人が一覧図の写しの交付を受けたい場合には、別途、一覧図の保管及び交付の申

出をする必要があります。なお、この場合、当初の申出人から再交付の申出に係る委任を受けて申出をすることは可能です。

（2） 再交付申出書

再交付の申出は、後掲【書式2】法定相続情報一覧図の再交付の申出書又はこれに準ずる様式による申出書（以下、「再交付申出書」といいます。）によらなければなりません（基本通達第2 8(1)）。

（3） 再交付申出書の添付書面

再交付申出書には、次に掲げる書面の添付を要します（規則247⑦・③六・七、基本通達第2 8(2)）。

① 再交付申出書に記載されている申出人の氏名及び住所と同一の氏名及び住所が記載されている市町村長その他の公務員が職務上作成した証明書（当該申出人が原本と相違がない旨を記載し、署名又は記名押印をした謄本を含みます。）

　当初の申出において提供された申出書に記載されている申出人の氏名又は住所と再交付申出書に記載した再交付申出人の氏名又は住所とが異なる場合は、その変更経緯が明らかとなる書面の添付も必要となります。

② 代理人によって申出をするときは、代理人の権限を証する書面

（4） 再交付の申出をすることができる者の確認

登記官は、一覧図の写しの再交付の申出があったときは、上記(3)の添付書面と当初の申出において提供された申出書に記載された申出人の表示とを確認し、その者が一覧図の写しの再交付の申出をすることができる者であることを確認することとなります（基本通達第2 8(3)）。

7　法定相続情報に変更が生じた場合の再度の申出

法定相続情報一覧図つづり込み帳の保存期間中に戸籍の記載に変更があり、当初の申出において確認した法定相続情報に変更が生じたため、その申出人が不動産登記規則247条各項の規定により再度一覧図の保管及び交付の申出をしたときは、登記官はこれに応じることとなります。この申出があったときは登記官は、以後、当初の申出に係る一覧図の写しを交付することができません（基本通達第2 9）。

なお、この場合の変更とは、被相続人の死亡後に子の認知があった場合、被相続人の死亡時に胎児であった者が生まれた場合、一覧図の保管及び交付の申出後に廃除があった場合など、被相続人の死亡時にさかのぼって相続人の範囲が変わった場合を指します。したがって、一覧図が一旦保管された後に相続人の一人が死亡した場合などについては、法定相続情報に変更が生じたものとしては取り扱われません。

第1章　法定相続情報証明制度と手続の通則　　　19

【書式1】法定相続情報一覧図の保管及び交付の申出書

法定相続情報一覧図の保管及び交付の申出書

（補完年月日　令和　　年　　月　　日）

申 出 年 月 日	令和　　年　　月　　日	法定相続情報番号	－　　　－

被相続人の表示	氏　　　名 最後の住所 生 年 月 日　　　　年　　　月　　　日 死亡年月日　　　　年　　　月　　　日
申 出 人 の 表 示	住所 氏名　　　　　　　　　　　㊞ 連絡先　　　　－　　　　－ 被相続人との続柄　（　　　　　　　　　）
代 理 人 の 表 示	住所（事務所） 氏名　　　　　　　　　　　㊞ 連絡先　　　　－　　　　－ 申出人との関係　□法定代理人　□委任による代理人
利 用 目 的	□不動産登記　□預貯金の払戻し　□相続税の申告 □その他（　　　　　　　　　　　　　　　　　　　）
必要な写しの通数・交付方法	通　（　□窓口で受取　□郵送　） ※郵送の場合，送付先は申出人（又は代理人）の表示欄にある住所（事務所）となる。
被相続人名義の不動産の有無	□有　　（有の場合，不動産所在事項又は不動産番号を以下に記載する。） □無
申出先登記所の種別	□被相続人の本籍地　　　　□被相続人の最後の住所地 □申出人の住所地　　　　　□被相続人名義の不動産の所在地

　上記被相続人の法定相続情報一覧図を別添のとおり提出し，上記通数の一覧図の写しの交付を申出します。交付を受けた一覧図の写しについては，相続手続においてのみ使用し，その他の用途には使用しません。
　申出の日から3か月以内に一覧図の写し及び返却書類を受け取らない場合は，廃棄して差し支えありません。

　　　　（地方）法務局　　　　　　支局・出張所　　　　　　　宛

※受領確認書類（不動産登記規則第247条第6項の規定により返却する書類に限る。）
戸籍（個人）全部事項証明書（　　通），除籍事項証明書（　　通），戸籍謄本（　　通）
除籍謄本（　　通），改製原戸籍謄本（　　通），戸籍の附票の写し（　　通）
戸籍の附票の除票の写し（　　通），住民票の写し（　　通），住民票の除票の写し（　　通）

受領	確認1	確認2	スキャナ・入力	交付		受取

20　　第1章　法定相続情報証明制度と手続の通則

【書式2】 法定相続情報一覧図の再交付の申出書

法定相続情報一覧図の再交付の申出書

再交付申出年月日	令和　　　年　　　月　　　日	法定相続情報番号	－　　　　－
被相続人の表示	氏　　　名 最後の住所 生年月日　　　　　年　　　月　　　日 死亡年月日　　　　　年　　　月　　　日		
申出人の表示	住所 氏名　　　　　　　　　　　　㊞ 連絡先　　　　　　　－　　　　　－ 被相続人との続柄　　（　　　　　　　　　　）		
代理人の表示	住所（事務所） 氏名　　　　　　　　　　　　㊞ 連絡先　　　　　　　－　　　　　－ 申出人との関係　　□法定代理人　　□委任による代理人		
利　用　目　的	□不動産登記　　□預貯金の払戻し　　□相続税の申告 □その他（　　　　　　　　　　　　　　　　　　　　　　　）		
必要な写しの通数・交付方法	通　　（　□窓口で受取　□郵送　） ※郵送の場合，送付先は申出人（又は代理人）の表示欄にある住所（事務所）となる。		

　上記通数の法定相続情報一覧図の写しの再交付を申出します。交付を受けた一覧図の写しについては，相続手続においてのみ使用し，その他の用途には使用しません。3か月以内に一覧図の写しを受け取らない場合は，廃棄して差し支えありません。

　　　（地方）法務局　　　　　　　支局・出張所　　　　　　宛

受領	確認	交付

受取

第 2 章

法定相続情報一覧図に
記載する相続人

22

第1 はじめに

一覧図は、戸除籍謄抄本の記載から判明する被相続人の死亡時点の相続関係を表すものです。そのため、一覧図を作成するに当たっては、前提として、相続人となるべき一定の身分関係をもつ者を特定する作業が必要となります。具体的には、収集した戸除籍謄抄本から被相続人の親族関係を把握し、民法第四編・第五編（親族・相続）の規定に基づいて法定相続人となるべき者が誰であるかを認定していくこととなります。

しかし、この相続人の特定をするための民法第四編・第五編は、これまでも度重なる改正が行われており、特に戦前と戦後においては、親族・相続に関する制度も大きく異なっています。戦前の旧民法では、統制された戸主権によるいわゆる「家」制度が確立されており、戸主たる地位と家産が一体となった「家督」を承継させる「家督相続」が定められており、相続の開始原因も「隠居」といったように必ずしも相続の開始原因が人の死亡に限られていなかったといった特徴があります。

また、戦後に施行された現行民法（昭和23年1月1日施行）も、時代の変遷に応じて、法定相続人の範囲や法定相続分に関する一部改正が行われています。

これらの改正法の施行前に開始した相続においては、改正前の規定が適用されることから、法定相続人の範囲や法定相続分を認定するためには、相続の開始日が重要な要素となることに注意する必要があります。

本章では、第3章のケース別の一覧図の作成の前提として、民法の規定によって特定する法定相続人の範囲を、主に現行民法の規定をもとに解説していきます。

第2 適用される民法について

前述のとおり現行民法においても度々改正が行われていることから、相続が開始した日（被相続人の死亡日）によって適用される規定が異なります。相続発生日ごとの法定相続人の範囲や法定相続分をまとめると次のとおりとなります（民900）。

① 被相続人の死亡日が昭和23年1月1日から昭和55年12月31日まで

> 第一順位　配偶者（法定相続分3分の1）、子（法定相続分3分の2）
> 第二順位　配偶者（法定相続分2分の1）、直系尊属（法定相続分2分の1）
> 第三順位　配偶者（法定相続分3分の2）、兄弟姉妹（法定相続分3分の1）

子、直系尊属、兄弟姉妹が数人あるときは、同順位の各相続人間の相続分は原則均等となります（民900四）。ただし、嫡出でない子の相続分は嫡出子の相続分の2分の1とし（平25法94による改正前の民900四ただし書前段）、父母の一方のみを同じくする兄弟姉妹の相続分は、父母の双方を同じくする兄弟姉妹の相続分の2分の1となります（民900四ただし書）。

② 被相続人の死亡日が昭和56年1月1日から平成25年9月4日まで

第一順位　配偶者（法定相続分2分の1）、子（法定相続分2分の1）

第二順位　配偶者（法定相続分3分の2）、直系尊属（法定相続分3分の1）

第三順位　配偶者（法定相続分4分の3）、兄弟姉妹（法定相続分4分の1）

子、直系尊属、兄弟姉妹が数人あるときは、同順位の各相続人間の相続分は原則均等となります（民900四）。

嫡出でない子の相続分は、嫡出子の相続分の2分の1となります（平25法94による改正前の民900四ただし書前段）。ただし、平成13年7月1日から平成25年9月4日までの間に開始した相続については、その間に遺産分割がされていないなど、平成25年9月4日時点で法律関係が確定的なものとなっていない場合は、嫡出子と嫡出でない子の相続分は、同等とする取扱いとなります（最大決平25・9・4判時2197・10、平25・12・11民二781）。

父母の一方のみを同じくする兄弟姉妹の相続分は、父母の双方を同じくする兄弟姉妹の相続分の2分の1となります（民900四ただし書）。

③ 被相続人の死亡日が平成25年9月5日以降

第一順位　配偶者（法定相続分2分の1）、子（法定相続分2分の1）

第二順位　配偶者（法定相続分3分の2）、直系尊属（法定相続分3分の1）

第三順位　配偶者（法定相続分4分の3）、兄弟姉妹（法定相続分4分の1）

子、直系尊属、兄弟姉妹が数人あるときは、同順位の各相続人間の相続分は原則均等となります（民900四）。

平成25年12月11日、嫡出でない子の相続分を嫡出子の相続分の2分の1としていた民法900条4号ただし書が改正されました。これにより、前記最高裁決定があった日の翌日である平成25年9月5日以後に開始した相続からは、嫡出子と嫡出でない子の相続分は同等となりました。

父母の一方のみを同じくする兄弟姉妹の相続分は、父母の双方を同じくする兄弟姉妹の相続分の2分の1となります（民900四ただし書）。

第3　法定相続情報一覧図に記載する相続人

1　配偶者

被相続人の配偶者は、常に相続人となります（Case 1 ほか参照）。この場合、次の2～7の相続人がいるときは、当該相続人と同順位で相続人となります（民890）。

2　子（第一順位）

被相続人の子は、第一順位の相続人となります（民887①）。被相続人の子であれば、実子だけでなく、養子の場合も含まれます（Case 2、Case 6 ほか参照）。

3　子の代襲相続人

被相続人の子が、相続の開始以前に死亡し又は相続欠格事由の該当や廃除を受けている場合には、被相続人の直系卑属である当該子の子が代襲して相続人となります（民887②）（Case37ほか参照）。ただし、被相続人の子が養子であった場合、その養子縁組前に生まれた養子の子は、被相続人の直系卑属に該当しないことから代襲相続人とはなりません（民887②ただし書）。

また、子の代襲相続人が相続の開始以前に死亡し又は相続欠格事由の該当や廃除によって代襲相続権を失った場合には再代襲することになります（民887③）。

4　直系尊属（第二順位）

被相続人の直系尊属は、被相続人の子や直系卑属といった第一順位の相続人となるべき者がいない場合に第二順位の相続人となります（民889①一）（Case 9 ほか参照）。親等の異なる者がいる場合には、親等の近い者から順次相続人となります（民889①一ただし書）。

5　兄弟姉妹（第三順位）

被相続人の兄弟姉妹は、被相続人の子及び直系卑属並びに直系尊属の全てに相続人

となるべき者がいない場合に第三順位として相続人となります（民889①二）（Case12ほか参照）。

6　兄弟姉妹の代襲相続人

　兄弟姉妹が第三順位の相続人となる場合において、当該兄弟姉妹が被相続人の死亡より先に死亡し又は相続欠格事由に該当している場合には、当該兄弟姉妹の子が代襲して相続人となります（民889②）（Case17ほか参照）。なお、兄弟姉妹の代襲については、これを規定した民法889条2項の規定が、直系卑属の再代襲を規定した同法887条3項の規定を準用していないことから再代襲されず、甥・姪までの一代限りとなります。

　ただし、昭和56年1月1日施行の民法の一部改正前は上記民法889条2項の規定が887条3項の規定を準用していたことから、昭和55年12月31日以前に開始した相続については、兄弟姉妹の直系卑属にも再代襲が認められていたことには注意する必要があります。

7　胎　児

　相続人は、相続開始時に現に生存している人である必要がありますが、例外として、胎児は、相続については、既に生まれたものとみなされます（民886①）。しかし、一覧図に記載される相続人は、戸籍の記載から明らかになる者に限られることから、胎児がいたとしても法定相続人として一覧図に記載することはできません。この場合、その後胎児が生まれたときは、一覧図の保管及び交付の申出を再度することになります（基本通達第2　9）。

8　相続放棄

　相続人は、自己のために相続の開始があったことを知った時から3か月以内に、相続の放棄ができる旨を規定しています（民915）。相続放棄をした者は、その相続に関しては、初めから相続人とならなかったものとみなされます（民939）。

　ただし、一覧図は、あくまでも戸除籍謄抄本の記載から判明する相続関係を表すものであることから、戸籍に記載されない相続放棄は一覧図にはその旨を記載できません。そのため通常の相続人として記載することになります。この場合、一覧図の写しを利用して相続手続をするときは、当該一覧図の写しと共に相続放棄申述受理証明書を提出して相続手続をすることになります。

9　推定相続人の廃除

　民法892条及び893条は、兄弟姉妹以外の推定相続人について廃除の手続を規定しています。廃除された推定相続人は相続人となることはできません。

　一覧図は、戸除籍謄抄本の記載から判明する相続関係を表すものです。推定相続人の廃除の裁判が確定したときは、その旨が戸籍に記載されることになります。そのため、一覧図には廃除された推定相続人は記載しません（基本通達第2　3⑶キ）。

　なお、廃除された推定相続人に代襲者がいる場合、代襲者を記載する過程で廃除された推定相続人を「被代襲者」として表記することになりますが、その場合でも廃除された推定相続人の氏名は記載しません。

10　相続欠格

　民法891条は相続人の欠格事由を定めています。これに該当する者は、相続人となることはできません。ただし、一覧図は、あくまでも戸除籍謄抄本の記載から判明する相続関係を表すものであるため、戸籍に記載されない相続欠格は一覧図にはその旨を記載できません。そのため通常の相続人として記載することになります。この場合、一覧図の写しを利用して相続手続をするときは、当該一覧図の写しと共に確定判決の謄本等を提出して相続手続をすることになります。

11　同時死亡

　民法32条の2では、「数人の者が死亡した場合において、そのうちの一人が他の者の死亡後になお生存していたことが明らかでないときは、これらの者は、同時に死亡したものと推定する。」とされており、この場合、死亡者相互間では相続は生じないこととされています。したがって、同時に死亡した者相互間では、他の者が相続開始前に死亡した場合と同様、当該他の者は一覧図には記載しません。

　ただし、例えば親子が同時に死亡した場合において孫などの直系卑属がいるときは、当該親子間では相続は生じませんが、当該孫などの直系卑属は代襲相続人になります（民887②）。これは、昭和37年の民法の一部改正で、「被相続人の子が、相続の『開始前』に死亡したとき……」という文言が『開始以前』と改められ、この中に同時死亡の場合も含むとされたためです。したがって、このような場合は、当該子について、「被代襲者（年月日死亡）」などと記載した上で、当該孫を代襲者として記載します。なお、死亡による代襲の場合は、被代襲者の氏名を具体的に記載しても差し支えありません。

第4 法定相続分に影響のある血族関係

1 嫡出子と嫡出でない子がいる場合

　法律上の婚姻関係にない男女の間に生まれた子のことを「嫡出でない子」といいます。従前の民法900条4号ただし書前段の規定では「嫡出でない子の相続分は嫡出である子の2分の1とする」旨の規定がされていました。この規定に対してはかねてから多くの問題があるとされていたところですが、平成25年9月4日に最高裁判所がこの規定を憲法違反であると判断したことを受けて、平成25年12月11日にこの民法900条4号ただし書が改正されました。これにより、嫡出子と嫡出でない子の相続分は同等となりました。

　この法改正のもとになった前記最高裁判所の決定では、改正前の民法900条4号ただし書の規定は「遅くとも平成13年7月当時において憲法14条1項に違反していた」と判断しましたが、平成13年7月当時からこの最高裁の決定がされるまでの間に開始された他の相続については、この規定を前提とした遺産分割の審判その他の裁判や遺産分割の協議その他の合意等で確定的なものとなった法律関係に影響を及ぼすものではないとされています（最大決平25・9・4判時2197・10）。

　この最高裁決定がされた平成25年9月4日以前に開始した相続において、相続人たる被相続人の子が複数いる場合で、嫡出子と嫡出でない子を示す必要がある場合には、一覧図を作成する場合においてもその関係を表しておくことになります（Case 5、Case 8 ほか参照）。

2 異父母の兄弟姉妹がいる場合

　兄弟姉妹が相続人となる場合において、「父母の一方のみを同じくする兄弟姉妹の相続分は、父母の双方を同じくする兄弟姉妹の相続分の2分の1とする」と規定されていることから（民900四ただし書）、相続人たる被相続人の兄弟姉妹が複数いる場合で、父母の一方のみを同じくする兄弟姉妹と父母の双方を同じくする兄弟姉妹を示す必要があるときは、一覧図の作成に際してはその関係を明示しておくことが必要となります（Case14、Case16ほか参照）。

第 3 章

ケース別
書類作成のポイント

30

第1　法定相続情報一覧図

1　法定相続人が配偶者のみの場合

Case 1　配偶者のみの場合

作成時のポイント

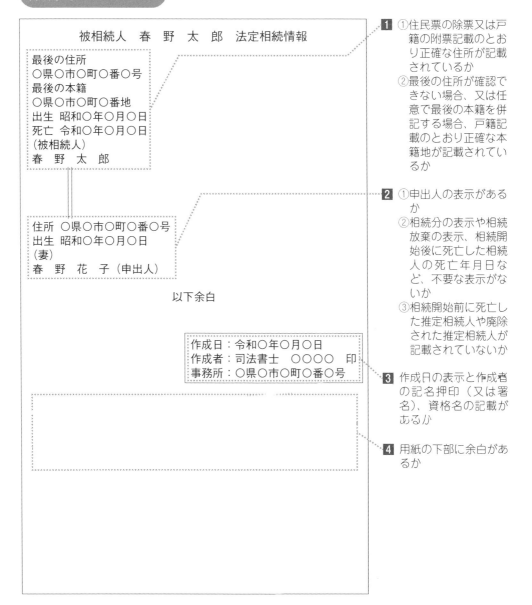

ポイント解説

1 被相続人の表示

1 被相続人の表示項目

　被相続人の氏名、生年月日、最後の住所及び死亡の年月日を記載し、被相続人の氏名には「被相続人」と併記します（規則247①一、基本通達第2　3(3)イ）。また、申出人の任意により、最後の住所に並べて最後の本籍を記載することもできます。

2 住所の表示

　最後の住所は、住民票の除票（又は戸籍の附票）により確認して記載します。

　また、申出人の任意により、最後の住所に並べて最後の本籍を記載することもできますが、住民票の除票等が市区町村において廃棄されている場合は、被相続人の最後の住所の記載に代えて最後の本籍を必ず記載しなければなりません（基本通達第2　3(3)コ）。

3 戸籍記載の氏名が誤字・俗字の場合

　戸籍に記載されている被相続人や相続人の氏名が誤字・俗字である場合、一覧図に記載する氏名は、戸籍に記載のある文字と正字に引き直された文字のいずれでも差し支えないとされています。

2 相続人の表示

1 申出人の表示

　一覧図の保管及び交付の申出ができるのは、相続人又は当該相続人の地位を相続により承継した者に限定されています。一覧図には申出人が記名することとされていますが、申出人が相続人として記載されている場合は、一覧図への申出人の記名は、当該相続人の氏名に「申出人」と併記することでも差し支えないとされています（規則247③一、基本通達第2　3(3)エ）。

2 相続人の表示項目

　相続人の氏名、生年月日及び被相続人との続柄を記載します（規則247①二）。また、申出人の任意により、相続人の住所を記載することもできます。記載する場合は、住民票（又は戸籍の附票）等にあるとおり記載し、住民票等の提出が必要になります（規則247④）。

3 続柄の表示

　続柄の表示については、戸籍に記載される続柄を記載します。

　したがって、被相続人の配偶者であれば「夫」や「妻」、子であれば「長男」、「長女」、「養子」などとします。

ただし、申出人の任意により、被相続人の配偶者が相続人である場合にその続柄を「配偶者」としたり、同じく子である場合に「子」とすることでも差し支えないとされています（基本通達第2　3(3)ウ）。

4　戸籍記載の氏名が誤字・俗字の場合

■1■3参照

5　一覧図に記載する相続人

一覧図に記載する相続人は、相続開始の時における同順位の相続人とされています。そのため、たとえ被相続人の配偶者や子であった者でも相続開始の時において相続人でない者は記載することはできず、これを記載したときは訂正（削除）を求められます。

6　配偶者のみが相続人となる場合

子や孫など第一順位の相続人がいないときは、父母や祖父母などの直系尊属が第二順位の相続人になります。また、第二順位の相続人となる直系尊属がいないときは、兄弟姉妹や甥・姪などが第三順位の相続人になります。そして、配偶者はこれらの相続人と常に同順位の相続人となります。第一順位から第三順位の相続人が全ていない場合は、配偶者のみが相続人となります。

被相続人に子や兄弟姉妹などの第一順位又は第三順位の相続人がいないことは、被相続人やその父母の出生から死亡までの戸除籍謄本を取得する過程で判明します。

ところが、祖父母など第二順位の直系尊属である相続人がいないことを証明するためには、被相続人やその父母の出生から死亡までの戸除籍謄本を取得するだけでは足りない場合があります。

そのため、このような場合どこまで遡って直系尊属の除籍謄本を取得すればよいのかが問題になります。

これについては明確な先例はないようですが、相続人からの聴取事項も参考にしながら、被相続人の父母の戸除籍謄本によって判明する祖父母等の直系尊属の生年月日から、当該直系尊属が生理学的に生存している可能性がない範囲までの除籍謄本を取得する必要があります。

7　相続開始後に死亡した相続人の表示

一覧図は、戸除籍謄抄本の記載から判明する被相続人の死亡時点の相続関係を表すものであるため、相続開始後に死亡した相続人があったとしても、その者は相続人として記載します。ただし、あくまでも被相続人の死亡時点の相続関係を表すものであるため、相続開始後に死亡した相続人の死亡年月日は記載されません。一覧図に当該年月日を記載した場合は、訂正（削除）を求められます。

8 同時死亡の場合

民法32条の2では、「数人の者が死亡した場合において、そのうちの一人が他の者の死亡後になお生存していたことが明らかでないときは、これらの者は、同時に死亡したものと推定する。」とされており、この場合、死亡者相互間では相続は生じないこととされています。したがって、同時に死亡した者相互間では、他の者が相続開始前に死亡した場合と同様、当該他の者は一覧図には記載しません。

また、親子が同時に死亡した場合に孫などの直系卑属がいる場合は、当該直系卑属は代襲相続人になりますが（民887②）、配偶者については代襲相続を規定した民法887条2項の規定は適用されないため、相続人が配偶者のみである本Caseの場合、配偶者が同時に死亡したときは相続人は不存在ということになります。

なお、同時に死亡した他の配偶者に第一順位から第三順位の相続人がいる場合、当該他の配偶者の一覧図については、**本章第1「6　法定相続人が子のみの場合」**以降を参照してください。

9 相続放棄等の表示

一覧図は、あくまでも戸除籍謄抄本の記載から判明する相続関係を表すものであるため、戸除籍謄抄本の記載からは判明しない相続欠格や相続放棄の有無などは記載しません。これらを併記した場合は、たとえこれらの事由を証する書面を添付しても、訂正（削除）を求められます。

10 廃除された推定相続人の表示

一覧図は、戸除籍謄抄本の記載から判明する相続関係を表すものです。推定相続人の廃除の裁判が確定したときは、その旨が戸籍に記載されることになります。そのため、廃除された推定相続人は記載しません（基本通達第2　3(3)キ）。

なお、廃除された推定相続人に子がいる場合、当該子は代襲相続人になりますが、配偶者については代襲相続を規定した民法887条2項の規定は適用されないため、相続人が配偶者のみである本Caseの場合、配偶者が廃除されているときは相続人は不存在ということになります。

11 法定相続分の表示

一覧図において相続分の表示は認められていません。相続人について、法定相続分を併記した場合には、訂正（削除）を求められます。

3　作成者の表示と押印

一覧図には、作成の年月日を記載し、作成した申出人又はその代理人は、住所を記載し、記名押印（又は署名）します。代理人が戸籍法10条の2第3項に掲げる者である

第3章 第1 法定相続情報一覧図　　　35

場合は、住所については事務所所在地とし、併せてその資格の名称も記載します（規則247③一、基本通達第2　3(3)オ）。

4　一覧図の印刷と余白

　一覧図は、A4縦の丈夫な用紙を使用します（基本通達第2　3(3)ケ）。なお、下から約5cmの範囲に認証文が付されますので、可能な限り下から約5cmの範囲には記載をしません（法務局ホームページ「主な法定相続情報一覧図の様式及び記載例」）。

必要書類

※内容が重複するもの又は他の者に係る証明書等で兼ねることができるものについては、重ねて取得する必要はありません。

書類名	必要な場合	取得先	☑
①　被相続人の出生から死亡までの戸籍全部事項証明書（戸籍謄本）・除籍全部事項証明書（除籍謄本）	必　須	本籍地の市区町村役場	☐
②　①④⑨⑩の一部が滅失しているときは、「除籍等の謄本が交付できない」旨の証明書	①④⑨⑩の一部が滅失している場合	本籍地の市区町村役場	☐
③　被相続人の住民票の除票の写し（又は戸籍の附票の写し） ※廃棄されている場合は、一覧図には被相続人の最後の住所の記載に代えて最後の本籍を記載する。	必　須	最後の住所地の市区町村役場（戸籍の附票の写しの場合は、本籍地の市区町村役場）	☐
④　被相続人の亡父母の出生から死亡までの戸籍全部事項証明書（戸籍謄本）・除籍全部事項証明書（除籍謄本）	必　須	本籍地の市区町村役場	☐
⑤　相続人である配偶者の戸籍全部（個人）事項証明書（戸籍謄抄本）	必　須	本籍地の市区町村役場	☐
⑥　申出人の氏名・住所を確認できる公的証明書 　（⑦と兼ねることができる。また、運転免	必　須	―	☐

許証や健康保険証でもよい。ただし、写しの場合は申出人の原本証明が必要。)			
⑦ 相続人である配偶者の住民票の写し（又は戸籍の附票の写し）	一覧図に相続人の住所を記載する場合	住所地の市区町村役場（戸籍の附票の写しの場合は、本籍地の市区町村役場）	☐
⑧ 被相続人の亡子や亡孫の出生から死亡までの戸籍全部事項証明書（戸籍謄本）・除籍全部事項証明書（除籍謄本）	相続開始以前に死亡している子や孫がいる場合	本籍地の市区町村役場	☐
⑨ 被相続人の亡祖父母等の死亡事項の記載のある除籍全部事項証明書（除籍謄本）	④によって判明する祖父母等の生年月日から、当該祖父母等が生存している可能性がある場合	本籍地の市区町村役場	☐
⑩ 被相続人の亡兄弟姉妹の出生から死亡までの戸籍全部事項証明書（戸籍謄本）・除籍全部事項証明書（除籍謄本）	相続開始以前に死亡している兄弟姉妹がいる場合	本籍地の市区町村役場	☐
⑪ 被相続人の亡甥・姪の死亡事項の記載のある戸籍全部事項証明書（戸籍謄本）又は除籍全部事項証明書（除籍謄本）	⑩の場合で、相続開始以前に死亡している甥・姪がいる場合	本籍地の市区町村役場	☐
⑫ 委任状	委任による代理人が申出手続をする場合	作 成	☐
⑬ 士業団体所定の身分証明書の写し	戸籍法10条の2第3項に掲げる者（ただし、個人）が代理人となる場合	―	☐
⑭ 士業法人の登記事項証明書	士業法人が代理人となる場合	法務局	☐

2 法定相続人が配偶者及び子である場合

Case 2　配偶者のほか、子3人がいる場合

作成時のポイント

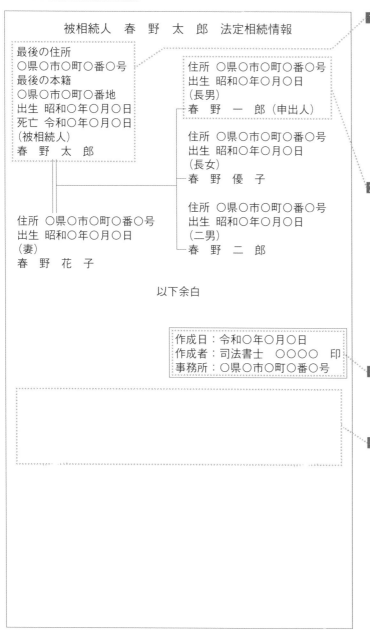

ポイント解説

1 被相続人の表示

1 被相続人の表示項目

被相続人の氏名、生年月日、最後の住所及び死亡の年月日を記載し、被相続人の氏名には「被相続人」と併記します（規則247①一、基本通達第2　3(3)イ）。また、申出人の任意により、最後の住所に並べて最後の本籍を記載することもできます。

2 住所の表示

最後の住所は、住民票の除票（又は戸籍の附票）により確認して記載します。

また、申出人の任意により、最後の住所に並べて最後の本籍を記載することもできますが、住民票の除票等が市区町村において廃棄されている場合は、被相続人の最後の住所の記載に代えて最後の本籍を必ず記載しなければなりません（基本通達第2　3(3)コ）。

3 戸籍記載の氏名が誤字・俗字の場合

戸籍に記載されている被相続人や相続人の氏名が誤字・俗字である場合、一覧図に記載する氏名は、戸籍に記載のある文字と正字に引き直された文字のいずれでも差し支えないとされています。

2 相続人の表示

1 申出人の表示

一覧図の保管及び交付の申出ができるのは、相続人又は当該相続人の地位を相続により承継した者に限定されています。一覧図には申出人が記名することとされていますが、申出人が相続人として記載されている場合は、一覧図への申出人の記名は、当該相続人の氏名に「申出人」と併記することでも差し支えないとされています（規則247③一、基本通達第2　3(3)エ）。

2 相続人の表示項目

相続人の氏名、生年月日及び被相続人との続柄を記載します（規則247①二）。また、申出人の任意により、相続人の住所を記載することもできます。記載する場合は、住民票（又は戸籍の附票）等にあるとおり記載し、住民票等の提出が必要になります（規則247④）。

3 続柄の表示

(1) 続柄の表示方法

続柄の表示については、戸籍に記載される続柄を記載します。

したがって、被相続人の配偶者であれば「夫」や「妻」、子であれば「長男」、「長女」、「養子」などとします。

ただし、申出人の任意により、被相続人の配偶者が相続人である場合にその続柄を「配偶者」としたり、同じく子である場合に「子」とすることでも差し支えないとされています（基本通達第2　3(3)ウ）。

(2)　特別養子の表示方法

特別養子の場合は、戸籍に記載される続柄は「長男」、「長女」等となります（戸籍法施行規則付録第24号様式）。したがって、特別養子についても、原則どおり戸籍に記載される続柄を記載することになります。ただし、申出人の任意により「子」とすることも差し支えないとされています（基本通達第2　3(3)ウ）。

(3)　相続人たる子の表示方法

相続人たる子について、「実子」と記載することは認められていません。相続手続によっては、実子ではないが実子とみなされる者（特別養子）がいる場合があるところ、一般的に「実子」と記載した場合にこれが実子とみなされる者までを含む表現であるかどうかについては、必ずしも定着した取扱いがないと考えられています。そのため、「実子」と記載した場合には、戸籍に記載される続柄又は「子」に訂正を求められることになります。

4　戸籍記載の氏名が誤字・俗字の場合

1 3参照

5　一覧図に記載する相続人

一覧図に記載する相続人は、相続開始の時における同順位の相続人とされています。そのため、たとえ被相続人の配偶者や子であった者でも相続開始の時において相続人でない者は記載することはできず、これを記載したときは訂正（削除）を求められます。

なお、当該子に代襲者がいる場合は、当該子について、「被代襲者（年月日死亡）」などと記載した上で、代襲者を記載します（Case37参照）。この場合、廃除による代襲を除き死亡による代襲の場合は、被代襲者の氏名を具体的に記載しても差し支えありません。

6　相続開始後に死亡した相続人の表示

一覧図は、戸除籍謄抄本の記載から判明する被相続人の死亡時点の相続関係を表すものであるため、相続開始後に死亡した相続人があったとしても、その者は相続人として記載します。ただし、あくまでも被相続人の死亡時点の相続関係を表すものであるため、相続開始後に死亡した相続人の死亡年月日は記載されません。一覧図に当該

年月日を記載した場合は、訂正（削除）を求められます。

7　同時死亡の場合

民法32条の2では、「数人の者が死亡した場合において、そのうちの一人が他の者の死亡後になお生存していたことが明らかでないときは、これらの者は、同時に死亡したものと推定する。」とされており、この場合、死亡者相互間では相続は生じないこととされています。したがって、同時に死亡した者相互間では、他の者が相続開始前に死亡した場合と同様、当該他の者は一覧図には記載しません。

ただし、親子が同時に死亡した場合に孫などの直系卑属がいる場合は、当該直系卑属は代襲相続人になります（民887②）。これは、昭和37年の民法の一部改正で、「被相続人の子が、相続の『開始前』に死亡したとき……」という文言が『開始以前』と改められ、この中に同時死亡の場合も含むとされたためです。したがって、このような場合は、当該子について、「被代襲者（年月日死亡）」などと記載した上で、当該孫を代襲者として記載します。なお、死亡による代襲の場合は、被代襲者の氏名を具体的に記載しても差し支えありません。

8　相続放棄・遺産分割の表示

一覧図は、あくまでも戸除籍謄抄本の記載から判明する相続関係を表すものであるため、戸除籍謄抄本の記載からは判明しない相続欠格や相続放棄の有無又は遺産分割協議の結果などは記載しません。これらを併記した場合は、たとえこれらの事由を証する書面を添付しても、訂正（削除）を求められます。

9　廃除された推定相続人の表示

一覧図は、戸除籍謄抄本の記載から判明する相続関係を表すものです。推定相続人の廃除の裁判が確定したときは、その旨が戸籍に記載されることになります。そのため、廃除された推定相続人は記載しません（基本通達第2　3(3)キ）。

なお、廃除された推定相続人に代襲者がいる場合、代襲者を記載する過程で廃除された推定相続人を「被代襲者」として表記することになりますが、その場合でも廃除された推定相続人の氏名は記載しません。

10　法定相続分の表示

一覧図において相続分の表示は認められていません。相続人について、法定相続分を併記した場合には、訂正（削除）を求められます。

11　嫡出子・嫡出でない子がいる場合

民法の一部を改正する法律（平成25年法律第94号）を踏まえ、平成25年9月4日以前に開始した相続について、相続人たる被相続人の子が複数いる場合で、嫡出子と嫡出でない子がいる場合については、Case 5を参照してください。

第3章　第1　法定相続情報一覧図　　41

3　作成者の表示と押印

　一覧図には、作成の年月日を記載し、作成した申出人又はその代理人は、住所を記載し、記名押印（又は署名）します。代理人が戸籍法10条の2第3項に掲げる者である場合は、住所については事務所所在地とし、併せてその資格の名称も記載します（規則247③一、基本通達第2　3(3)オ）。

4　一覧図の印刷と余白

　一覧図は、A4縦の丈夫な用紙を使用します（基本通達第2　3(3)ケ）。なお、下から約5cmの範囲に認証文が付されますので、可能な限り下から約5cmの範囲には記載をしません（法務局ホームページ「主な法定相続情報一覧図の様式及び記載例」）。

必要書類

※内容が重複するもの又は他の者に係る証明書等で兼ねることができるものについては、重ねて取得する必要はありません。

書類名	必要な場合	取得先	☑
①　被相続人の出生から死亡までの戸籍全部事項証明書（戸籍謄本）・除籍全部事項証明書（除籍謄本）	必　須	本籍地の市区町村役場	☐
②　①の一部が滅失しているときは、「除籍等の謄本が交付できない」旨の証明書	①の一部が滅失している場合	本籍地の市区町村役場	☐
③　被相続人の住民票の除票の写し（又は戸籍の附票の写し） ※廃棄されている場合は、一覧図には被相続人の最後の住所の記載に代えて最後の本籍を記載する。	必　須	最後の住所地の市区町村役場（戸籍の附票の写しの場合は、本籍地の市区町村役場）	☐
④　相続人である配偶者及び子全員の戸籍全部（個人）事項証明書（戸籍謄抄本）	必　須	本籍地の市区町村役場	☐
⑤　申出人の氏名・住所を確認できる公的証明書 （⑥と兼ねることができる。また、運転免許証や健康保険証でもよい。ただし、写しの場合は申出人の原本証明が必要。）	必　須	－	☐

⑥ 相続人である配偶者及び子全員の住民票の写し（又は戸籍の附票の写し）	一覧図に相続人の住所を記載する場合	住所地の市区町村役場（戸籍の附票の写しの場合は、本籍地の市区町村役場）	☐
⑦ 委任状	委任による代理人が申出手続をする場合	作　成	☐
⑧ 士業団体所定の身分証明書の写し	戸籍法10条の2第3項に掲げる者（ただし、個人）が代理人となる場合	―	☐
⑨ 士業法人の登記事項証明書	士業法人が代理人となる場合	法務局	☐

Case 3 被相続人に離婚歴がある場合

作成時のポイント

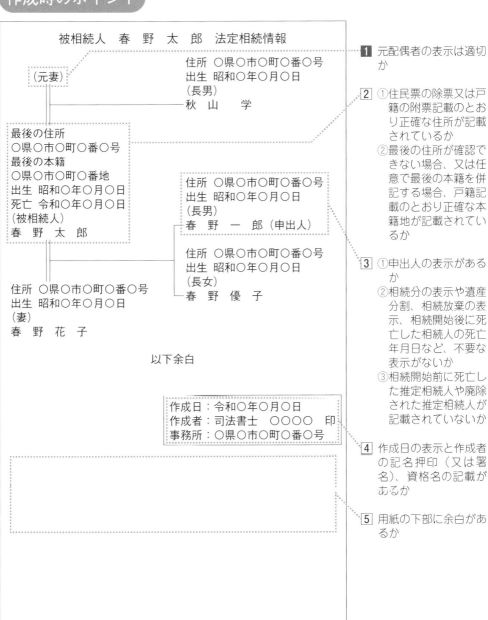

ポイント解説

1　離婚した元配偶者の表示

　離婚した元配偶者の表示は、「元配偶者」や「元妻（元夫）」、又は「女（男）」などと性別のみ記載します。具体的な氏名や生年月日などを記載し、その記載によって相続人のうちの一人との誤認を受けることのないよう注意してください。

　また、婚姻関係を示す線は、原則として二本線（二重線）で表記します。一本線で表記した場合でも訂正は求められませんが、二本線（二重線）で表記することが推奨されています。

　なお、元配偶者との間に子がいないときは、元配偶者は表示しません。

2　被相続人の表示　　→Case 2 1 参照

3　相続人の表示　　→Case 2 2 参照

4　作成者の表示と押印　　→Case 2 3 参照

5　一覧図の印刷と余白　　→Case 2 4 参照

必要書類

※内容が重複するもの又は他の者に係る証明書等で兼ねることができるものについては、重ねて取得する必要はありません。

書類名	必要な場合	取得先	☑
①　被相続人の出生から死亡までの戸籍全部事項証明書（戸籍謄本）・除籍全部事項証明書（除籍謄本）	必　須	本籍地の市区町村役場	☐
②　①の一部が滅失しているときは、「除籍等の謄本が交付できない」旨の証明書	①の一部が滅失している場合	本籍地の市区町村役場	☐
③　被相続人の住民票の除票の写し（又は戸籍の附票の写し） ※廃棄されている場合は、一覧図には被相続人の最後の住所の記載に代えて最後の	必　須	最後の住所地の市区町村役場（戸籍の附票の写しの場合は、	☐

本籍を記載する。		本籍地の市区町村役場)	
④　相続人である配偶者及び子（離婚した配偶者との子を含む。）全員の戸籍全部（個人）事項証明書（戸籍謄抄本）	必　　須	本籍地の市区町村役場	☐
⑤　申出人の氏名・住所を確認できる公的証明書 　（⑥と兼ねることができる。また、運転免許証や健康保険証でもよい。ただし、写しの場合は申出人の原本証明が必要。）	必　　須	―	☐
⑥　相続人である配偶者及び子（離婚した配偶者との子を含む。）全員の住民票の写し（又は戸籍の附票の写し）	一覧図に相続人の住所を記載する場合	住所地の市区町村役場（戸籍の附票の写しの場合は、本籍地の市区町村役場）	☐
⑦　委任状	委任による代理人が申出手続をする場合	作　　成	☐
⑧　士業団体所定の身分証明書の写し	戸籍法10条の2第3項に掲げる者（ただし、個人）が代理人となる場合	―	☐
⑨　士業法人の登記事項証明書	士業法人が代理人となる場合	法務局	☐

Case 4　被相続人に複数回の離婚歴がある場合

作成時のポイント

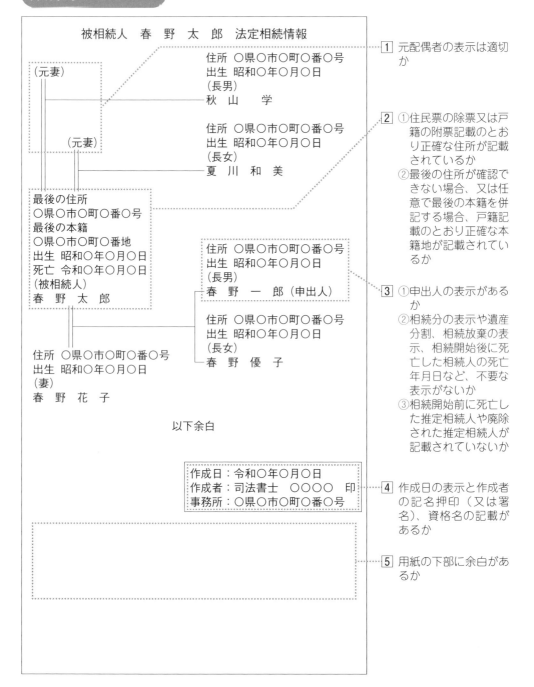

第3章 第1 法定相続情報一覧図　　47

ポイント解説

1 離婚した元配偶者の表示　　→Case 3 1 参照

2 被相続人の表示　　→Case 2 1 参照

3 相続人の表示　　→Case 2 2 参照

4 作成者の表示と押印　　→Case 2 3 参照

5 一覧図の印刷と余白　　→Case 2 4 参照

必要書類

※内容が重複するもの又は他の者に係る証明書等で兼ねることができるものについては、重ねて取得する必要はありません。

書類名	必要な場合	取得先	☑
① 被相続人の出生から死亡までの戸籍全部事項証明書（戸籍謄本）・除籍全部事項証明書（除籍謄本）	必　須	本籍地の市区町村役場	☐
② ①の一部が滅失しているときは、「除籍等の謄本が交付できない」旨の証明書	①の一部が滅失している場合	本籍地の市区町村役場	☐
③ 被相続人の住民票の除票の写し（又は戸籍の附票の写し） ※廃棄されている場合は、一覧図には被相続人の最後の住所の記載に代えて最後の本籍を記載する。	必　須	最後の住所地の市区町村役場（戸籍の附票の写しの場合は、本籍地の市区町村役場）	☐
④ 相続人である配偶者及び子（離婚した配偶者との子を含む。）全員の戸籍全部（個人）事項証明書（戸籍謄抄本）	必　須	本籍地の市区町村役場	☐
⑤ 申出人の氏名・住所を確認できる公的証明書 （⑥と兼ねることができる。また、運転免	必　須	－	☐

		許証や健康保険証でもよい。ただし、写しの場合は申出人の原本証明が必要。）			
⑥	相続人である配偶者及び子（離婚した配偶者との子を含む。）全員の住民票の写し（又は戸籍の附票の写し）	一覧図に相続人の住所を記載する場合	住所地の市区町村役場（戸籍の附票の写しの場合は、本籍地の市区町村役場）	☐
⑦	委任状	委任による代理人が申出手続をする場合	作　成	☐
⑧	士業団体所定の身分証明書の写し	戸籍法10条の2第3項に掲げる者（ただし、個人）が代理人となる場合	—	☐
⑨	士業法人の登記事項証明書	士業法人が代理人となる場合	法務局	☐

Case 5　配偶者のほか、嫡出でない子がいる場合（平成25年9月4日以前に開始した相続の場合）

作成時のポイント

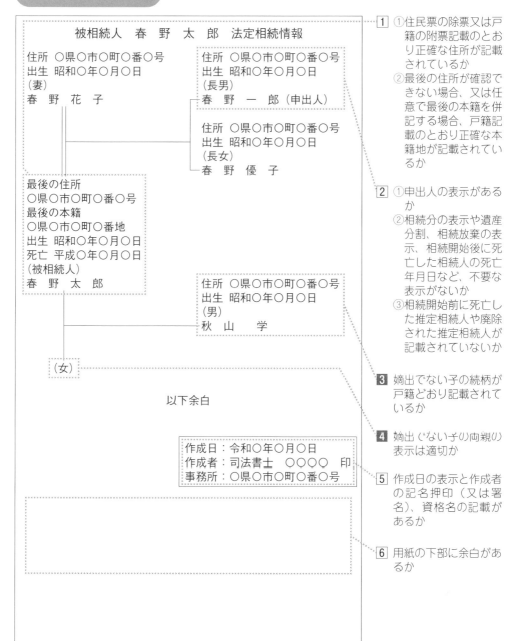

ポイント解説

1　被相続人の表示　　→Case2 **1** 参照

2　相続人の表示　　→Case2 **2** 参照

3　嫡出でない子の続柄の表示

　続柄の表示については、戸籍に記載される続柄を記載します。そのため、相続人に嫡出でない子がおり、戸籍においては当該子の父母との続柄が「男」や「女」となっている場合、被相続人との続柄の表記については、原則として、戸籍の記載に基づき「男」や「女」と記載しますが、申出人の任意により「子」とすることも差し支えないとされています。ただし、「長男」や「二女」と記載した場合は、訂正を求められることになります。

　なお、平成16年11月1日から、戸籍における嫡出でない子の父母との続柄欄の記載が、「男」や「女」でなく、「長男（長女）」、「二男（二女)」等と記載されることとなりました。

　また、既に戸籍に記載されている嫡出でない子について、その父母との続柄欄の「男」又は「女」の記載を、「長男（二男)」、「長女（二女)」等に更正する申出をした場合は、続柄欄の記載が更正されることとなりました（平16・11・1民一3008)。

　したがって、このような戸籍を添付する場合は、嫡出でない子であっても、「長男（二男)」、「長女（二女)」等と記載します。

4　嫡出でない子の両親の表示

　民法の一部を改正する法律（平成25年法律第94号）を踏まえ、平成25年9月4日以前に開始した相続について、相続人たる被相続人の子が複数いる場合で、嫡出子と嫡出でない子を示す必要があるときは、嫡出子については、その両親の関係を表す線を二本線（二重線）とし、嫡出でない子については、その両親の関係を表す線は一本線とします（法務局ホームページ「主な法定相続情報一覧図の様式及び記載例」)。

　また、相続人たる嫡出でない子の父又は母については、氏名等は記載せず、例えば「男」や「女」のように性別のみとします。

5　作成者の表示と押印　　→Case2 **3** 参照

6　一覧図の印刷と余白　　→Case2 **4** 参照

第3章　第1　法定相続情報一覧図　　　　51

必要書類

※内容が重複するもの又は他の者に係る証明書等で兼ねることができるものについては、
　重ねて取得する必要はありません。

書類名	必要な場合	取得先	☑
①　被相続人の出生から死亡までの戸籍全部事項証明書（戸籍謄本）・除籍全部事項証明書（除籍謄本）	必　須	本籍地の市区町村役場	☐
②　①の一部が滅失しているときは、「除籍等の謄本が交付できない」旨の証明書	①の一部が滅失している場合	本籍地の市区町村役場	☐
③　被相続人の住民票の除票の写し（又は戸籍の附票の写し） ※廃棄されている場合は、一覧図には被相続人の最後の住所の記載に代えて最後の本籍を記載する。	必　須	最後の住所地の市区町村役場（戸籍の附票の写しの場合は、本籍地の市区町村役場）	☐
④　相続人である配偶者及び子全員の戸籍全部（個人）事項証明書（戸籍謄抄本）	必　須	本籍地の市区町村役場	☐
⑤　申出人の氏名・住所を確認できる公的証明書 （⑥と兼ねることができる。また、運転免許証や健康保険証でもよい。ただし、写しの場合は申出人の原本証明が必要。）	必　須	―	☐
⑥　相続人である配偶者及び子全員の住民票の写し（又は戸籍の附票の写し）	一覧図に相続人の住所を記載する場合	住所地の市区町村役場（戸籍の附票の写しの場合は、本籍地の市区町村役場）	☐
⑦　委任状	委任による代理人が申出手続をする場合	作　成	☐
⑧　士業団体所定の身分証明書の写し	戸籍法10条の2第3項に掲げる者（ただし、個人）が代理人となる場合	―	☐
⑨　士業法人の登記事項証明書	士業法人が代理人となる場合	法務局	☐

Case 6　配偶者のほか、養子がいる場合

作成時のポイント

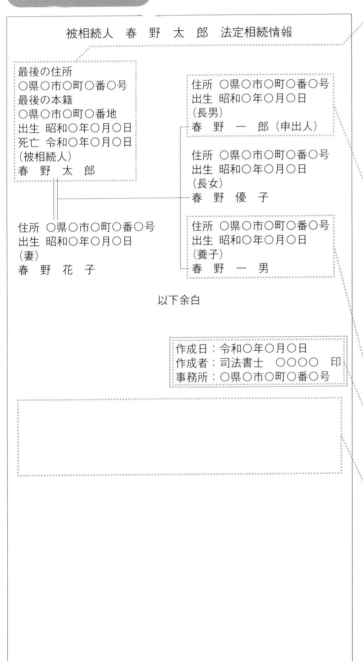

1. ①住民票の除票又は戸籍の附票記載のとおり正確な住所が記載されているか
②最後の住所が確認できない場合、又は任意で最後の本籍を併記する場合、戸籍記載のとおり正確な本籍地が記載されているか

2. ①申出人の表示があるか
②相続分の表示や遺産分割、相続放棄の表示、相続開始後に死亡した相続人の死亡年月日など、不要な表示がないか
③相続開始前に死亡した推定相続人や廃除された推定相続人が記載されていないか

3. 養子の続柄が戸籍記載の続柄になっているか

4. 作成日の表示と作成者の記名押印（又は署名）、資格名の記載があるか

5. 用紙の下部に余白があるか

第3章 第1 法定相続情報一覧図   53

ポイント解説

1 被相続人の表示   →Case2 1 参照

2 相続人の表示   →Case2 2 参照

3 養子がいる場合
1 養子の続柄の表示
(1) 普通養子の表示方法
　続柄の表示については、戸籍に記載される続柄を記載します。したがって、相続人が養子であれば、「養子」とします。
　ただし、申出人の任意により、「子」とすることでも差し支えないとされています（基本通達第2 3(3)ウ）。
(2) 特別養子の表示方法
　特別養子の場合は、戸籍に記載される続柄は「長男」、「長女」等となります（戸籍法施行規則付録第24号様式）。したがって、特別養子についても、原則どおり戸籍に記載される続柄を記載することになります。ただし、申出人の任意により「子」とすることも差し支えないとされています（基本通達第2 3(3)ウ）。
(3) 相続人たる子の表示方法
　相続人たる子について、「実子」と記載することは認められていません。相続手続によっては、実子ではないが実子とみなされる者（特別養子）がいる場合があるところ、一般的に「実子」と記載した場合にこれが実子とみなされる者までを含む表現であるかどうかについては、必ずしも定着した取扱いがないと考えられています。そのため、「実子」と記載した場合には、戸籍に記載される続柄又は「子」に訂正を求められることになります。
2 相続税の申告書の添付書類として利用する場合
　相続税の申告書の添付書類として利用する際の一覧図は、列挙形式のものは認められておらず、必ず図形式の一覧図でなければなりません。
　また、被相続人の子が実子又は養子のいずれであるかの別が記載されたものが必要とされ、かつ、被相続人に養子がある場合には、一覧図の写しに加えて当該養子の戸籍の謄本又は抄本（コピー機で複写したものでも可）を添付しなければなりません（相税規16③）。

4 作成者の表示と押印   →Case2 3 参照

5 一覧図の印刷と余白   →Case2 4 参照

必要書類

※内容が重複するもの又は他の者に係る証明書等で兼ねることができるものについては、重ねて取得する必要はありません。

書類名	必要な場合	取得先	☑
① 被相続人の出生から死亡までの戸籍全部事項証明書（戸籍謄本）・除籍全部事項証明書（除籍謄本）	必　須	本籍地の市区町村役場	☐
② ①の一部が滅失しているときは、「除籍等の謄本が交付できない」旨の証明書	①の一部が滅失している場合	本籍地の市区町村役場	☐
③ 被相続人の住民票の除票の写し（又は戸籍の附票の写し） ※廃棄されている場合は、一覧図には被相続人の最後の住所の記載に代えて最後の本籍を記載する。	必　須	最後の住所地の市区町村役場（戸籍の附票の写しの場合は、本籍地の市区町村役場）	☐
④ 相続人である配偶者及び子（養子を含む。）全員の戸籍全部（個人）事項証明書（戸籍謄抄本）	必　須	本籍地の市区町村役場	☐
⑤ 申出人の氏名・住所を確認できる公的証明書 （⑥と兼ねることができる。また、運転免許証や健康保険証でもよい。ただし、写しの場合は申出人の原本証明が必要。）	必　須	―	☐
⑥ 相続人である配偶者及び子（養子を含む。）全員の住民票の写し（又は戸籍の附票の写し）	一覧図に相続人の住所を記載する場合	住所地の市区町村役場（戸籍の附票の写しの場合は、本籍地の市区町村役場）	☐
⑦ 委任状	委任による代理人が申出手続をする場合	作　成	☐
⑧ 士業団体所定の身分証明書の写し	戸籍法10条の2第3項に掲げる者（ただし、個人）が代理人となる場合	―	☐
⑨ 士業法人の登記事項証明書	士業法人が代理人となる場合	法務局	☐

Case 7　配偶者のほか、子が多数であり、法定相続情報一覧図が複数枚にわたる場合

作成時のポイント

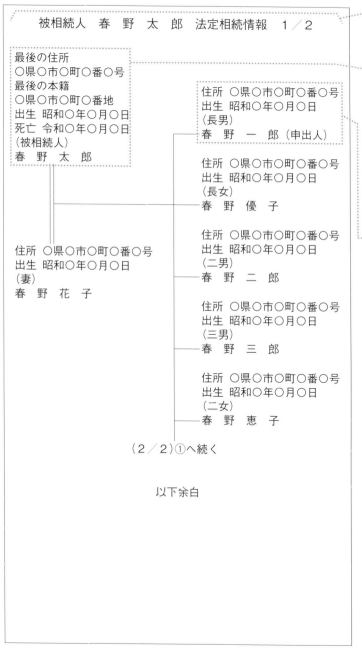

被相続人　春　野　太　郎　法定相続情報　2／2

①

住所　○県○市○町○番○号
出生　昭和○年○月○日
（四男）
春　野　四　郎

住所　○県○市○町○番○号
出生　昭和○年○月○日
（三女）
春　野　明　子

住所　○県○市○町○番○号
出生　昭和○年○月○日
（五男）
春　野　五　郎

以下余白

作成日：令和○年○月○日
作成者：司法書士　○○○○　印
事務所：○県○市○町○番○号

4 作成日の表示と作成者の記名押印（又は署名）、資格名の記載があるか

5 用紙の下部に余白があるか

第3章　第1　法定相続情報一覧図　　57

ポイント解説

1 一覧図の作成について

1 一覧図が複数枚にわたる場合の一覧図の作成

一覧図は、A4縦の丈夫な用紙を使用するとされている（基本通達第2　3(3)ケ）ので、相続人が多数でA4縦の用紙1枚に記載できないときなどは、A4縦の用紙を複数枚使用して作成することになります。

2 表題の記載

一覧図が複数枚にわたる場合には、最初のページの表題に「被相続人〇〇〇〇法定相続情報1／2」のように記載し、2ページ目には、前のページを受けて表題に「被相続人〇〇〇〇法定相続情報2／2」のように記載します。

3 親族関係の表示

一覧図が複数枚にわたる場合に、親族関係のつながりを表示するには、最初のページの該当部分に「(2／2)①へ続く」、次ページには連続性が分かるように、該当する個所に「①」などと記載してから関係性を示す線を結ぶようにします。

2 被相続人の表示　　→Case **2** **1** 参照

3 相続人の表示　　→Case **2** **2** 参照

4 作成者の表示と押印　　→Case **2** **3** 参照

5 一覧図の印刷と余白　　→Case **2** **4** 参照

必要書類

※内容が重複するもの又は他の者に係る証明書等で兼ねることができるものについては、重ねて取得する必要はありません。

書類名	必要な場合	取得先	☑
① 被相続人の出生から死亡までの戸籍全部事項証明書（戸籍謄本）・除籍全部事項証明書（除籍謄本）	必　須	本籍地の市区町村役場	☐

② ①の一部が滅失しているときは、「除籍等の謄本が交付できない」旨の証明書	①の一部が滅失している場合	本籍地の市区町村役場	☐
③ 被相続人の住民票の除票の写し（又は戸籍の附票の写し） ※廃棄されている場合は、一覧図には被相続人の最後の住所の記載に代えて最後の本籍を記載する。	必　須	最後の住所地の市区町村役場（戸籍の附票の写しの場合は、本籍地の市区町村役場）	☐
④ 相続人である配偶者及び子全員の戸籍全部（個人）事項証明書（戸籍謄抄本）	必　須	本籍地の市区町村役場	☐
⑤ 申出人の氏名・住所を確認できる公的証明書 （⑥と兼ねることができる。また、運転免許証や健康保険証でもよい。ただし、写しの場合は申出人の原本証明が必要。）	必　須	－	☐
⑥ 相続人である配偶者及び子全員の住民票の写し（又は戸籍の附票の写し）	一覧図に相続人の住所を記載する場合	住所地の市区町村役場（戸籍の附票の写しの場合は、本籍地の市区町村役場）	☐
⑦ 委任状	委任による代理人が申出手続をする場合	作　成	☐
⑧ 士業団体所定の身分証明書の写し	戸籍法10条の2第3項に掲げる者（ただし、個人）が代理人となる場合	－	☐
⑨ 士業法人の登記事項証明書	士業法人が代理人となる場合	法務局	☐

第3章 第1 法定相続情報一覧図　　　59

Case 8　列挙形式（配偶者のほか、子が複数の場合）

作成時のポイント

被相続人　春　野　太　郎　法定相続情報

最後の住所	○県○市○町○番○号
最後の本籍	○県○市○町○番地
出生	昭和○年○月○日
死亡	平成○年○月○日
（被相続人）	春　野　太　郎

住所	○県○市○町○番○号
出生	昭和○年○月○日
（妻）	春　野　花　子

住所	○県○市○町○番○号
出生	昭和○年○月○日
（長男）	春　野　一　郎（申出人）

住所	○県○市○町○番○号
出生	昭和○年○月○日
（長女）	春　野　優　子

住所	○県○市○町○番○号
出生	昭和○年○月○日
（二男）	春　野　二　郎

以下余白

作成日：令和○年○月○日
作成者：司法書士　○○○○　印
事務所：○県○市○町○番○号

1 一覧図の写しの利用目的が列挙形式に適しているか

2 ①住民票の除票又は戸籍の附票記載のとおり正確な住所が記載されているか
②最後の住所が確認できない場合、又は任意で最後の本籍を併記する場合、戸籍記載のとおり正確な本籍地が記載されているか

3 ①申出人の表示があるか
②相続分の表示や遺産分割、相続放棄の表示、相続開始後に死亡した相続人の死亡年月日など、不要な表示がないか
③相続開始前に死亡した推定相続人や廃除された推定相続人が記載されていないか

4 作成日の表示と作成者の記名押印（又は署名）、資格名の記載があるか

5 用紙の下部に余白があるか

ポイント解説

1　一覧図の作成について

1　列挙形式の一覧図

　一覧図は、必ず図示することを求められているものではなく、相続人を列挙する形式で作成することも可能です。列挙形式を用いる場面に特に制限はありませんが、相続人が多数の場合や、相続人に嫡出でない子や父母の一方が異なる兄弟姉妹がいて、その利用目的においてこれらの情報を示す必要がない場合などに、その利用が想定されています。

　ただし、利用目的においてこれらの情報を示す必要がある場合は、「嫡出子、嫡出でない子」や「父母の一方のみを同じくする兄弟姉妹、父母の双方を同じくする兄弟姉妹」と記載することも認められています。

2　列挙形式を利用する場合の注意点

　民法の一部を改正する法律（平成25年法律第94号）を踏まえ、平成25年9月4日以前に開始した相続について、相続人である子が、嫡出子か嫡出でない子かについて併記がない場合、一覧図の記載からは正確に法定相続分が分からないことがあります。この場合、法定相続による権利の移転登記の申請等において、一覧図の写しに加えて法定相続分を疎明できる資料が別途必要となりますので、注意が必要です。

　また、兄弟姉妹が相続人のケースで、列挙形式で作成した一覧図に父母の双方を同じくするのか父母の一方のみを同じくするのかについて情報の併記がない場合、一覧図からは法定相続分が分かりません。この場合も上記同様、法定相続による権利の移転登記の申請等において、一覧図の写しに加えて法定相続分を疎明できる資料が別途必要となりますので、注意が必要です。

　なお、列挙形式で作成された一覧図の写しは、相続税の申告書の添付書面として利用することができません（相税規16③一ロ）。これは、列挙形式の一覧図では、法定相続分が確認できないこともあるためとされています（国税庁ホームページ「平成30年度税制改正により相続税の申告書の添付書類の範囲が広がりました（平成30年4月1日以後に提出する申告書から適用）」）。

第3章 第1 法定相続情報一覧図　　61

＜本Caseにおいて嫡出子か嫡出でない子かを示す必要がある場合の記載例＞

住所	○県○市○町○番○号
出生	昭和○年○月○日
長男（嫡出子）	春 野 一 郎

住所	○県○市○町○番○号
出生	昭和○年○月○日
長女（嫡出子）	春 野 優 子

住所	○県○市○町○番○号
出生	昭和○年○月○日
男※（嫡出でない子）	春 野 二 郎

※戸籍に「長男（長女）」と記載されているときは、「長男（長女）」とします（→Case 5 ❸参照）。

2　被相続人の表示　　→Case 2 ❶参照

3　相続人の表示　　→Case 2 ❷参照

4　作成者の表示と押印　　→Case 2 ❸参照

5　一覧図の印刷と余白　　→Case 2 ❹参照

（ 必要書類 ）

※内容が重複するもの又は他の者に係る証明書等で兼ねることができるものについては、重ねて取得する必要はありません。

書類名	必要な場合	取得先	☑
①　被相続人の出生から死亡までの戸籍全部事項証明書（戸籍謄本）・除籍全部事項証明書（除籍謄本）	必　須	本籍地の市区町村役場	☐

② ①の一部が滅失しているときは、「除籍等の謄本が交付できない」旨の証明書	①の一部が滅失している場合	本籍地の市区町村役場	☐
③ 被相続人の住民票の除票の写し（又は戸籍の附票の写し） ※廃棄されている場合は、一覧図には被相続人の最後の住所の記載に代えて最後の本籍を記載する。	必　須	最後の住所地の市区町村役場（戸籍の附票の写しの場合は、本籍地の市区町村役場）	☐
④ 相続人である配偶者及び子全員の戸籍全部（個人）事項証明書（戸籍謄抄本）	必　須	本籍地の市区町村役場	☐
⑤ 申出人の氏名・住所を確認できる公的証明書 （⑥と兼ねることができる。また、運転免許証や健康保険証でもよい。ただし、写しの場合は申出人の原本証明が必要。）	必　須	―	☐
⑥ 相続人である配偶者及び子全員の住民票の写し（又は戸籍の附票の写し）	一覧図に相続人の住所を記載する場合	住所地の市区町村役場（戸籍の附票の写しの場合は、本籍地の市区町村役場）	☐
⑦ 委任状	委任による代理人が申出手続をする場合	作　成	☐
⑧ 士業団体所定の身分証明書の写し	戸籍法10条の2第3項に掲げる者（ただし、個人）が代理人となる場合	―	☐
⑨ 士業法人の登記事項証明書	士業法人が代理人となる場合	法務局	☐

3 法定相続人が配偶者及び親（父母）等である場合

Case 9　配偶者のほか、親1人（父又は母）がいる場合

作成時のポイント

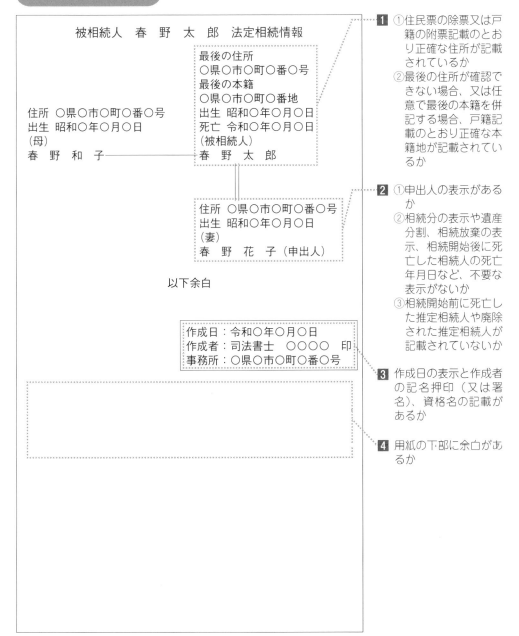

ポイント解説

▌1 被相続人の表示

1 被相続人の表示項目

　被相続人の氏名、生年月日、最後の住所及び死亡の年月日を記載し、被相続人の氏名には「被相続人」と併記します（規則247①一、基本通達第2　3(3)イ）。また、申出人の任意により、最後の住所に並べて最後の本籍も記載することができます。

2 住所の表示

　最後の住所は、住民票の除票（又は戸籍の附票）により確認して記載します。

　また、申出人の任意により、最後の住所に並べて最後の本籍を記載することもできますが、住民票の除票等が市区町村において廃棄されている場合は、被相続人の最後の住所の記載に代えて最後の本籍を必ず記載しなければなりません（基本通達第2　3(3)コ）。

3 戸籍記載の氏名が誤字・俗字の場合

　戸籍に記載されている被相続人や相続人の氏名が誤字・俗字である場合、一覧図に記載する氏名は、戸籍に記載のある文字と正字に引き直された文字のいずれでも差し支えないとされています。

▌2 相続人の表示

1 申出人の表示

　一覧図の保管及び交付の申出ができるのは、相続人又は当該相続人の地位を相続により承継した者に限定されています。一覧図には申出人が記名することとされていますが、申出人が相続人として記載されている場合は、一覧図への申出人の記名は、当該相続人の氏名に「申出人」と併記することでも差し支えないとされています（規則247③一、基本通達第2　3(3)エ）。

2 相続人の表示項目

　相続人の氏名、生年月日及び被相続人との続柄を記載します（規則247①二）。また、申出人の任意により、相続人の住所を記載することもできます。記載する場合は、住民票（又は戸籍の附票）等にあるとおり記載し、住民票等の提出が必要になります（規則247④）。

3 続柄の表示

　続柄の表示については、戸籍に記載される続柄を記載します。

したがって、被相続人の配偶者であれば「夫」や「妻」、子であれば「長男」、「長女」、「養子」、父母であれば「父（母）」、「養父（養母）」などとします。ただし、続柄の記載は、あくまで被相続人との続柄である必要があることから、戸籍に記載される続柄では表記することができない場合、例えば被相続人の祖父母が相続人である場合は「祖父」、「祖母」とします。

なお、申出人の任意により、被相続人の配偶者が相続人である場合にその続柄を「配偶者」としたり、同じく子である場合に「子」とすることでも差し支えないとされています（基本通達第2　3(3)ウ）。

4　戸籍記載の氏名が誤字・俗字の場合

1 3参照

5　一覧図に記載する相続人

一覧図に記載する相続人は、相続開始の時における同順位の相続人とされています。そのため、たとえ被相続人の配偶者や子又は父母であった者でも相続開始の時において相続人でない者は記載することはできず、これを記載したときは訂正（削除）を求められます。

ただし、相続人の中に父又は母のどちらか一人がいる場合、被相続人の両親を示すために、相続開始前に死亡した父又は母について、氏名等を記載せずに「亡父（亡母）」などと記載するなど、相続人のうちの一人と誤認を受けることがない場合は、これを記載しても差し支えありません。

<本Caseにおいて両親の関係を示す場合の記載例>

6　同時死亡の場合

民法32条の2では、「数人の者が死亡した場合において、そのうちの一人が他の者の死亡後になお生存していたことが明らかでないときは、これらの者は、同時に死亡したものと推定する。」とされており、この場合、死亡者相互間では相続は生じないこと

とされています。したがって、同時に死亡した者相互間では、他の者が相続開始前に死亡した場合と同様、当該他の者は一覧図には記載しません。

7 相続開始後に死亡した相続人の表示

一覧図は、戸除籍謄抄本の記載から判明する被相続人の死亡時点の相続関係を表すものであるため、相続開始後に死亡した相続人があったとしても、その者は相続人として記載します。ただし、あくまでも被相続人の死亡時点の相続関係を表すものであるため、相続開始後に死亡した相続人の死亡年月日は記載されません。一覧図に当該年月日を記載した場合は、訂正（削除）を求められます。

8 相続放棄・遺産分割の表示

一覧図は、あくまでも戸除籍謄抄本の記載から判明する相続関係を表すものであるため、戸除籍謄抄本の記載からは判明しない相続欠格や相続放棄の有無又は遺産分割協議の結果などは記載しません。これらを併記した場合は、たとえこれらの事由を証する書面を添付しても、訂正（削除）を求められます。

9 廃除された推定相続人の表示

一覧図は、戸除籍謄抄本の記載から判明する相続関係を表すものです。推定相続人の廃除の裁判が確定したときは、その旨が戸籍に記載されることになります。そのため、廃除された推定相続人は記載しません（基本通達第2 3(3)キ）。

10 法定相続分の表示

一覧図において相続分の表示は認められていません。相続人について、法定相続分を併記した場合には、訂正（削除）を求められます。

3 作成者の表示と押印

一覧図には、作成の年月日を記載し、作成した申出人又はその代理人は、住所を記載し、記名押印（又は署名）します。代理人が戸籍法10条の2第3項に掲げる者である場合は、住所については事務所所在地とし、併せてその資格の名称も記載します（規則247③一、基本通達第2 3(3)オ）。

4 一覧図の印刷と余白

一覧図は、A4縦の丈夫な用紙を使用します（基本通達第2 3(3)ケ）。なお、下から約5cmの範囲に認証文が付されますので、可能な限り下から約5cmの範囲には記載をしません（法務局ホームページ「主な法定相続情報一覧図の様式及び記載例」）。

第3章 第1 法定相続情報一覧図　　　67

必要書類

※内容が重複するもの又は他の者に係る証明書等で兼ねることができるものについては、重ねて取得する必要はありません。

書類名	必要な場合	取得先	☑
① 被相続人の出生から死亡までの戸籍全部事項証明書（戸籍謄本）・除籍全部事項証明書（除籍謄本）	必　須	本籍地の市区町村役場	☐
② ①の一部が滅失しているときは、「除籍等の謄本が交付できない」旨の証明書	①の一部が滅失している場合	本籍地の市区町村役場	☐
③ 被相続人の住民票の除票の写し（又は戸籍の附票の写し） ※廃棄されている場合は、一覧図には被相続人の最後の住所の記載に代えて最後の本籍を記載する。	必　須	最後の住所地の市区町村役場（戸籍の附票の写しの場合は、本籍地の市区町村役場）	☐
④ 相続人である配偶者及び父又は母の戸籍全部（個人）事項証明書（戸籍謄抄本）（相続人とならない父又は母が相続開始前に死亡していることが分かるもの）	必　須	本籍地の市区町村役場	☐
⑤ 申出人の氏名・住所を確認できる公的証明書 （⑥と兼ねることができる。また、運転免許証や健康保険証でもよい。ただし、写しの場合は申出人の原本証明が必要。）	必　須	―	☐
⑥ 相続人である配偶者及び父又は母の住民票の写し（又は戸籍の附票の写し）	一覧図に相続人の住所を記載する場合	住所地の市区町村役場（戸籍の附票の写しの場合は、本籍地の市区町村役場）	☐
⑦ 被相続人の亡子の出生から死亡までの戸籍全部事項証明書（戸籍謄本）・除籍全部事項証明書（除籍謄本）	相続開始以前に死亡している子がいる場合	本籍地の市区町村役場	☐

⑧	委任状	委任による代理人が申出手続をする場合	作　成	☐
⑨	士業団体所定の身分証明書の写し	戸籍法10条の2第3項に掲げる者（ただし、個人）が代理人となる場合	—	☐
⑩	士業法人の登記事項証明書	士業法人が代理人となる場合	法務局	☐

第3章 第1 法定相続情報一覧図　　　　　　　　　69

Case10　配偶者のほか、親2人（父及び母）がいる場合

作成時のポイント

被相続人　春　野　太　郎　法定相続情報

住所　○県○市○町○番○号
出生　昭和○年○月○日
（父）
春　野　昭　男

最後の住所
○県○市○町○番○号
最後の本籍
○県○市○町○番地
出生　昭和○年○月○日
死亡　令和○年○月○日
（被相続人）
春　野　太　郎

住所　○県○市○町○番○号
出生　昭和○年○月○日
（母）
春　野　和　子

住所　○県○市○町○番○号
出生　昭和○年○月○日
（妻）
春　野　花　子（申出人）

以下余白

作成日：令和○年○月○日
作成者：司法書士　　○○○○　　印
事務所：○県○市○町○番○号

[1] ①住民票の除票又は戸籍の附票記載のとおり正確な住所が記載されているか
②最後の住所が確認できない場合、又は任意で最後の本籍を併記する場合、戸籍記載のとおり正確な本籍地が記載されているか

[2] ①申出人の表示があるか
②相続分の表示や遺産分割、相続放棄の表示、相続開始後に死亡した相続人の死亡年月日など、不要な表示がないか
③相続開始前に死亡した推定相続人や廃除された推定相続人が記載されていないか

[3] 作成日の表示と作成者の記名押印（又は署名）、資格名の記載があるか

[4] 用紙の下部に余白があるか

ポイント解説

| 1 | 被相続人の表示 | →Case **9** **1** 参照 |

| 2 | 相続人の表示 | →Case **9** **2** 参照 |

| 3 | 作成者の表示と押印 | →Case **9** **3** 参照 |

| 4 | 一覧図の印刷と余白 | →Case **9** **4** 参照 |

必要書類

※内容が重複するもの又は他の者に係る証明書等で兼ねることができるものについては、重ねて取得する必要はありません。

書類名	必要な場合	取得先	☑
① 被相続人の出生から死亡までの戸籍全部事項証明書（戸籍謄本）・除籍全部事項証明書（除籍謄本）	必　須	本籍地の市区町村役場	☐
② ①の一部が滅失しているときは、「除籍等の謄本が交付できない」旨の証明書	①の一部が滅失している場合	本籍地の市区町村役場	☐
③ 被相続人の住民票の除票の写し（又は戸籍の附票の写し） ※廃棄されている場合は、一覧図には被相続人の最後の住所の記載に代えて最後の本籍を記載する。	必　須	最後の住所地の市区町村役場（戸籍の附票の写しの場合は、本籍地の市区町村役場）	☐
④ 相続人である配偶者及び父母の戸籍全部（個人）事項証明書（戸籍謄抄本）	必　須	本籍地の市区町村役場	☐
⑤ 申出人の氏名・住所を確認できる公的証明書 （⑥と兼ねることができる。また、運転免許証や健康保険証でもよい。ただし、写しの場合は申出人の原本証明が必要。）	必　須	―	☐

⑥　相続人である配偶者及び父母の住民票の写し（又は戸籍の附票の写し）	一覧図に相続人の住所を記載する場合	住所地の市区町村役場（戸籍の附票の写しの場合は、本籍地の市区町村役場）	☐
⑦　被相続人の亡子の出生から死亡までの戸籍全部事項証明書（戸籍謄本）・除籍全部事項証明書（除籍謄本）	相続開始以前に死亡している子がいる場合	本籍地の市区町村役場	☐
⑧　委任状	委任による代理人が申出手続をする場合	作　成	☐
⑨　士業団体所定の身分証明書の写し	戸籍法10条の2第3項に掲げる者（ただし、個人）が代理人となる場合	－	☐
⑩　士業法人の登記事項証明書	士業法人が代理人となる場合	法務局	☐

Case11　配偶者のほか、祖父又は祖母1人がいる場合

作成時のポイント

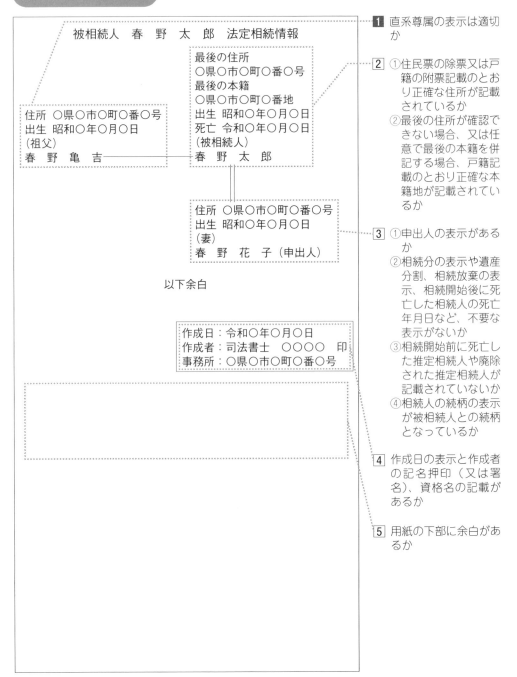

第3章　第1　法定相続情報一覧図　　　　73

(ポイント解説)

1　相続人である直系尊属の表示

　民法887条1項では、「被相続人の子は、相続人となる。」と、子が第一順位の相続人になる旨規定し、2項で孫が代襲相続人になる旨規定しています。一方、第二順位の相続人については、民法889条1項1号で「被相続人の直系尊属。ただし、親等の異なる者の間では、その近い者を先にする。」と規定しています。

　したがって、第二順位の相続人の表し方については、第一順位で孫が代襲相続人になる場合に子を被代襲者として表示する場合などと異なり、相続関係に影響のない血族関係、すなわち本Caseでいえば被相続人春野太郎の亡父及び亡母は一覧図に表す必要はありません。

　また、子が相続人となる場合に、「嫡出子・嫡出でない子」の別を示すために両親との関係を表したり、同父母・異父母の兄弟姉妹の別を示すためにそれぞれの両親との関係を表したりする場合と異なり、直系尊属が相続人となる場合は、被相続人の両親の関係は相続関係に影響を与えないので、亡父、亡母はもちろん、本Caseでは相続人とならない亡祖母も表示する必要はありません。

2　被相続人の表示　　　→Case **9** **1** 参照

3　相続人の表示　　　→Case **9** **2** 参照

4　作成者の表示と押印　　　→Case **9** **3** 参照

5　一覧図の印刷と余白　　　→Case **9** **4** 参照

(必要書類)

※内容が重複するもの又は他の者に係る証明書等で兼ねることができるものについては、重ねて取得する必要はありません。

書類名	必要な場合	取得先	☑
①　被相続人の出生から死亡までの戸籍全部事項証明書（戸籍謄本）・除籍全部事項証明書（除籍謄本）	必　須	本籍地の市区町村役場	☐

② ①の一部が減失しているときは、「除籍等の謄本が交付できない」旨の証明書	①の一部が減失している場合	本籍地の市区町村役場	☐
③ 被相続人の住民票の除票の写し（又は戸籍の附票の写し） ※廃棄されている場合は、一覧図には被相続人の最後の住所の記載に代えて最後の本籍を記載する。	必 須	最後の住所地の市区町村役場（戸籍の附票の写しの場合は、本籍地の市区町村役場）	☐
④ 相続人である配偶者と父母及び祖父又は祖母の戸籍全部（個人）事項証明書（戸籍謄抄本）（父母及び相続人とならない祖父又は祖母が相続開始前に死亡していることが分かるもの）	必 須	本籍地の市区町村役場	☐
⑤ 申出人の氏名・住所を確認できる公的証明書 （⑥と兼ねることができる。また、運転免許証や健康保険証でもよい。ただし、写しの場合は申出人の原本証明が必要。）	必 須	―	☐
⑥ 相続人である配偶者及び祖父又は祖母の住民票の写し（又は戸籍の附票の写し）	一覧図に相続人の住所を記載する場合	住所地の市区町村役場（戸籍の附票の写しの場合は、本籍地の市区町村役場）	☐
⑦ 被相続人の亡子の出生から死亡までの戸籍全部事項証明書（戸籍謄本）・除籍全部事項証明書（除籍謄本）	相続開始以前に死亡している子がいる場合	本籍地の市区町村役場	☐
⑧ 委任状	委任による代理人が申出手続をする場合	作 成	☐
⑨ 士業団体所定の身分証明書の写し	戸籍法10条の2第3項に掲げる者（ただし、個人）が代理人となる場合	―	☐
⑩ 士業法人の登記事項証明書	士業法人が代理人となる場合	法務局	☐

4 法定相続人が配偶者及び兄弟姉妹である場合

Case12 配偶者のほか、兄弟姉妹がいる場合

作成時のポイント

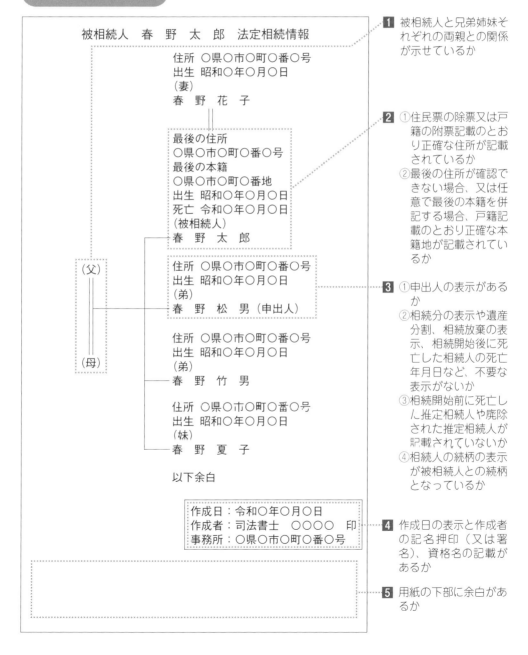

ポイント解説

1　兄弟姉妹が相続人となる場合

　兄弟姉妹が相続人となる場合において、「父母の一方のみを同じくする兄弟姉妹の相続分は、父母の双方を同じくする兄弟姉妹の相続分の2分の1とする」と規定されています（民900四ただし書）。そのため、父母の一方のみを同じくする兄弟姉妹であるか父母の双方を同じくする兄弟姉妹であるかの別を示す必要があるときは、それぞれの両親との関係を線で結ぶなどし、表示する必要があります。

2　被相続人の表示

1　被相続人の表示項目

　被相続人の氏名、生年月日、最後の住所及び死亡の年月日を記載し、被相続人の氏名には「被相続人」と併記します（規則247①一、基本通達第2　3(3)イ）。また、申出人の任意により、最後の住所に並べて最後の本籍を記載することもできます。

2　住所の表示

　最後の住所は、住民票の除票（又は戸籍の附票）により確認して記載します。

　また、申出人の任意により、最後の住所に並べて最後の本籍を記載することもできますが、住民票の除票等が市区町村において廃棄されている場合は、被相続人の最後の住所の記載に代えて最後の本籍を必ず記載しなければなりません（基本通達第2　3(3)コ）。

3　戸籍記載の氏名が誤字・俗字の場合

　戸籍に記載されている被相続人や相続人の氏名が誤字・俗字である場合、一覧図に記載する氏名は、戸籍に記載のある文字と正字に引き直された文字のいずれでも差し支えないとされています。

3　相続人の表示

1　申出人の表示

　一覧図の保管及び交付の申出ができるのは、相続人又は当該相続人の地位を相続により承継した者に限定されています。一覧図には申出人が記名することとされていますが、申出人が相続人として記載されている場合は、一覧図への申出人の記名は、当該相続人の氏名に「申出人」と併記することでも差し支えないとされています（規則247③一、基本通達第2　3(3)エ）。

2　相続人の表示項目

相続人の氏名、生年月日及び被相続人との続柄を記載します（規則247①二）。また、申出人の任意により、相続人の住所を記載することもできます。記載する場合は、住民票（又は戸籍の附票）等にあるとおり記載し、住民票等の提出が必要になります（規則247④）。

3　続柄の表示

(1)　続柄の表示方法

続柄の表示については、戸籍に記載される続柄を記載します。

したがって、被相続人の配偶者であれば「夫」や「妻」、子であれば「長男」、「長女」、「養子」などとします。ただし、続柄の記載は、あくまで被相続人との続柄である必要があることから、戸籍に記載される続柄では表記することができない場合、例えば被相続人の兄弟姉妹が相続人である場合は「姉」や「弟」とします。

なお、申出人の任意により、被相続人の配偶者が相続人である場合にその続柄を「配偶者」としたり、同じく子である場合に「子」とすることでも差し支えないとされています（基本通達第2　3(3)ウ）。

(2)　養子縁組をした兄弟姉妹の表示方法

被相続人の親と養子縁組をしたことによる兄弟姉妹が相続人となる場合、養子は、養親の血族との間において養子縁組の日から親族関係を生ずることとなるため（民727）、実の兄弟姉妹と同様に「兄」や「妹」などと記載し、この場合の兄弟姉妹の判定は生年月日で行うことになります。

4　戸籍記載の氏名が誤字・俗字の場合

■2 3参照

5　一覧図に記載する相続人

一覧図に記載する相続人は、相続開始の時における同順位の相続人とされています。そのため、たとえ被相続人の配偶者や子、又は兄弟姉妹であった者でも相続開始の時において相続人でない者は記載することはできず、これを記載したときは訂正（削除）を求められます。なお、当該子や兄弟姉妹に代襲者がいる場合は、当該子や兄弟姉妹について、「被代襲者（年月日死亡）」などと記載した上で、代襲者を記載します。この場合、廃除による代襲を除き死亡による代襲の場合は、被代襲者の氏名を具体的に記載しても差し支えありません。

6　同時死亡の場合

民法32条の2では、「数人の者が死亡した場合において、そのうちの一人が他の者の死亡後になお生存していたことが明らかでないときは、これらの者は、同時に死亡し

たものと推定する。」とされており、この場合、死亡者相互間では相続は生じないこととされています。したがって、同時に死亡した者相互間では、他の者が相続開始前に死亡した場合と同様、当該他の者は一覧図には記載しません。

ただし、親子が同時死亡した場合の孫や兄弟姉妹が同時死亡した場合の甥・姪など、相続人となるべきであった者に子がいる場合は、当該孫や甥・姪は相続人となるべきであった子や兄弟姉妹を代襲して相続人になります（民887②・889②）。これは、昭和37年の民法の一部改正で、「被相続人の子が、相続の『開始前』に死亡したとき……」という文言が『開始以前』と改められ、この中に同時死亡の場合も含むとされたためです。したがって、このような場合は、当該子や兄弟姉妹について、「被代襲者（年月日死亡）」などと記載した上で、当該孫や甥・姪を代襲者として記載します。なお、死亡による代襲の場合は、被代襲者の氏名を具体的に記載しても差し支えありません。

　7　相続開始後に死亡した相続人の表示

　一覧図は、戸除籍謄抄本の記載から判明する被相続人の死亡時点の相続関係を表すものであるため、相続開始後に死亡した相続人があったとしても、その者は相続人として記載します。ただし、あくまでも被相続人の死亡時点の相続関係を表すものであるため、相続開始後に死亡した相続人の死亡年月日は記載されません。一覧図に当該年月日を記載した場合は、訂正（削除）を求められます。

　8　相続放棄・遺産分割の表示

　一覧図は、あくまでも戸除籍謄抄本の記載から判明する相続関係を表すものであるため、戸除籍謄抄本の記載からは判明しない相続欠格や相続放棄の有無又は遺産分割協議の結果などは記載しません。これらを併記した場合は、たとえこれらの事由を証する書面を添付しても、訂正（削除）を求められます。

　9　廃除された推定相続人の表示

　一覧図は、戸除籍謄抄本の記載から判明する相続関係を表すものです。推定相続人の廃除の裁判が確定したときは、その旨が戸籍に記載されることになります。そのため、廃除された推定相続人は記載しません（基本通達第2　3(3)キ）。

　なお、推定相続人の廃除は、遺留分を有する推定相続人に対してなされるものであるため（民892）、遺留分を有しない兄弟姉妹が廃除の対象となることはありません。そのため、本Caseにおいては、配偶者の廃除はあり得ますが、兄弟姉妹の廃除はありません。

　10　兄弟姉妹の同父母・異父母の別の表示

　兄弟姉妹が相続人となる場合において、「父母の一方のみを同じくする兄弟姉妹の

相続分は、父母の双方を同じくする兄弟姉妹の相続分の2分の1とする」と規定されています（民900四ただし書）。そのため、父母の一方のみを同じくする兄弟姉妹と父母の双方を同じくする兄弟姉妹の別を示す必要があるときは、それぞれの両親との関係を線で結ぶなどし、表示する必要があります。

　11　父母等の表示

　相続人ではない被相続人春野太郎の父母については、氏名及び死亡年月日は記載しません。

　12　法定相続分の表示

　一覧図において相続分の表示は認められていません。相続人について、法定相続分を併記した場合には、訂正（削除）を求められます。

4　作成者の表示と押印

　一覧図には、作成の年月日を記載し、作成した申出人又はその代理人は、住所を記載し、記名押印（又は署名）します。代理人が戸籍法10条の2第3項に掲げる者である場合は、住所については事務所所在地とし、併せてその資格の名称も記載します（規則247③一、基本通達第2　3(3)オ）。

5　一覧図の印刷と余白

　一覧図は、A4縦の丈夫な用紙を使用します（基本通達第2　3(3)ケ）。なお、下から約5cmの範囲に認証文が付されますので、可能な限り下から約5cmの範囲には記載をしません（法務局ホームページ「主な法定相続情報一覧図の様式及び記載例」）。

必要書類

※内容が重複するもの又は他の者に係る証明書等で兼ねることができるものについては、
　重ねて取得する必要はありません。

書類名	必要な場合	取得先	☑
①　被相続人及び亡父母の出生から死亡までの戸籍全部事項証明書（戸籍謄本）・除籍全部事項証明書（除籍謄本）	必　須	本籍地の市区町村役場	☐
②　被相続人の亡祖父母等の死亡事項の記載のある除籍全部事項証明書（除籍謄本）	①によって判明する祖父母等の生年月日から、当該祖	本籍地の市区町村役場	☐

		父母等が生存している可能性がある場合		
③	①②の一部が滅失しているときは、「除籍等の謄本が交付できない」旨の証明書	①②の一部が滅失している場合	本籍地の市区町村役場	☐
④	被相続人の住民票の除票の写し（又は戸籍の附票の写し） ※廃棄されている場合は、一覧図には被相続人の最後の住所の記載に代えて最後の本籍を記載する。	必　須	最後の住所地の市区町村役場（戸籍の附票の写しの場合は、本籍地の市区町村役場）	☐
⑤	相続人である配偶者及び兄弟姉妹全員の戸籍全部（個人）事項証明書（戸籍謄抄本）	必　須	本籍地の市区町村役場	☐
⑥	申出人の氏名・住所を確認できる公的証明書 （⑦と兼ねることができる。また、運転免許証や健康保険証でもよい。ただし、写しの場合は申出人の原本証明が必要。）	必　須	－	☐
⑦	相続人である配偶者及び兄弟姉妹全員の住民票の写し（又は戸籍の附票の写し）	一覧図に相続人の住所を記載する場合	住所地の市区町村役場（戸籍の附票の写しの場合は、本籍地の市区町村役場）	☐
⑧	被相続人の亡子や亡孫の出生から死亡までの戸籍全部事項証明書（戸籍謄本）・除籍全部事項証明書（除籍謄本）	相続開始以前に死亡している子や孫がいる場合	本籍地の市区町村役場	☐
⑨	委任状	委任による代理人が申出手続をする場合	作　成	☐
⑩	士業団体所定の身分証明書の写し	戸籍法10条の2第3項に掲げる者（ただし、個人）が代理人となる場合	－	☐
⑪	士業法人の登記事項証明書	士業法人が代理人となる場合	法務局	☐

Case13　配偶者のほか、異父母の兄弟姉妹がいる場合

作成時のポイント

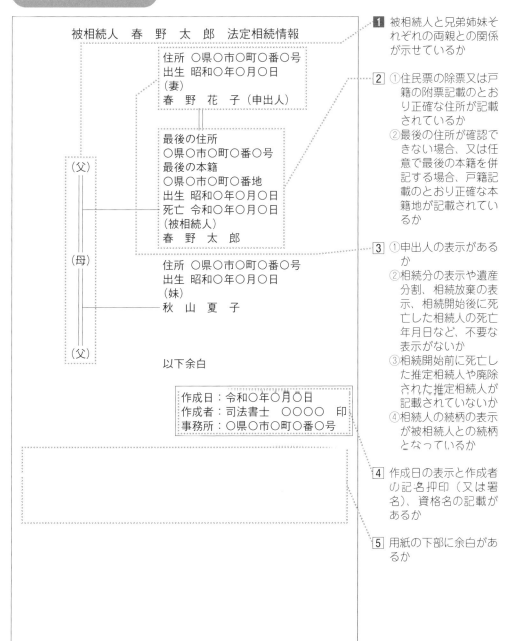

ポイント解説

1 異父母の兄弟姉妹がいる場合

兄弟姉妹が相続人となる場合において、「父母の一方のみを同じくする兄弟姉妹の相続分は、父母の双方を同じくする兄弟姉妹の相続分の2分の1とする」と規定されています（民900四ただし書）。そのため、父母の一方のみを同じくする兄弟姉妹と父母の双方を同じくする兄弟姉妹の別を示す必要があるときは、それぞれの両親との関係を線で結ぶなどし、表示する必要があります。

ただし、本Caseのように相続人となる兄弟姉妹が一人の場合は、同父母・異父母の別を示す必要がないため、必ずしもそれぞれの両親との関係を表示する必要はありません。

<相続人となる兄弟姉妹が一人の場合の記載例>

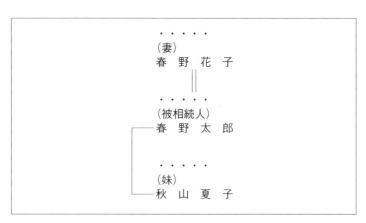

※被相続人春野太郎と妹秋山夏子の両親を「（父）」「（母）」などと表示しません。

2 被相続人の表示　　→Case12 **2** 参照

3 相続人の表示　　→Case12 **3** 参照

4 作成者の表示と押印　　→Case12 **4** 参照

5 一覧図の印刷と余白　　→Case12 **5** 参照

第3章 第1 法定相続情報一覧図 83

必要書類

※内容が重複するもの又は他の者に係る証明書等で兼ねることができるものについては、
　重ねて取得する必要はありません。

書類名	必要な場合	取得先	☑
① 被相続人及び亡父母の出生から死亡までの戸籍全部事項証明書（戸籍謄本）・除籍全部事項証明書（除籍謄本）	必 須	本籍地の市区町村役場	☐
② 被相続人の亡祖父母等の死亡事項の記載のある除籍全部事項証明書（除籍謄本）	①によって判明する祖父母等の生年月日から、当該祖父母等が生存している可能性がある場合	本籍地の市区町村役場	☐
③ ①②の一部が滅失しているときは、「除籍等の謄本が交付できない」旨の証明書	①②の一部が滅失している場合	本籍地の市区町村役場	☐
④ 被相続人の住民票の除票の写し（又は戸籍の附票の写し） ※廃棄されている場合は、一覧図には被相続人の最後の住所の記載に代えて最後の本籍を記載する。	必 須	最後の住所地の市区町村役場（戸籍の附票の写しの場合は、本籍地の市区町村役場）	☐
⑤ 相続人である配偶者及び兄弟姉妹全員の戸籍全部（個人）事項証明書（戸籍謄抄本）	必 須	本籍地の市区町村役場	☐
⑥ 申出人の氏名・住所を確認できる公的証明書 （⑦と兼ねることができる。また、運転免許証や健康保険証でもよい。ただし、写しの場合は申出人の原本証明が必要。）	必 須	－	☐
⑦ 相続人である配偶者及び兄弟姉妹全員の住民票の写し（又は戸籍の附票の写し）	一覧図に相続人の住所を記載する場合	住所地の市区町村役場（戸籍の附票の写しの場合は、本籍地の市区町村役場）	☐
⑧ 被相続人の亡子や亡孫の出生から死亡までの戸籍全部事項証明書（戸籍謄本）・除籍全部事項証明書（除籍謄本）	相続開始以前に死亡している子や孫がいる場合	本籍地の市区町村役場	☐

⑨	委任状	委任による代理人が申出手続をする場合	作　成	☐
⑩	士業団体所定の身分証明書の写し	戸籍法10条の2第3項に掲げる者（ただし、個人）が代理人となる場合	—	☐
⑪	士業法人の登記事項証明書	士業法人が代理人となる場合	法務局	☐

Case14 配偶者のほか、同父母の兄弟姉妹及び異父母の兄弟姉妹がいる場合

作成時のポイント

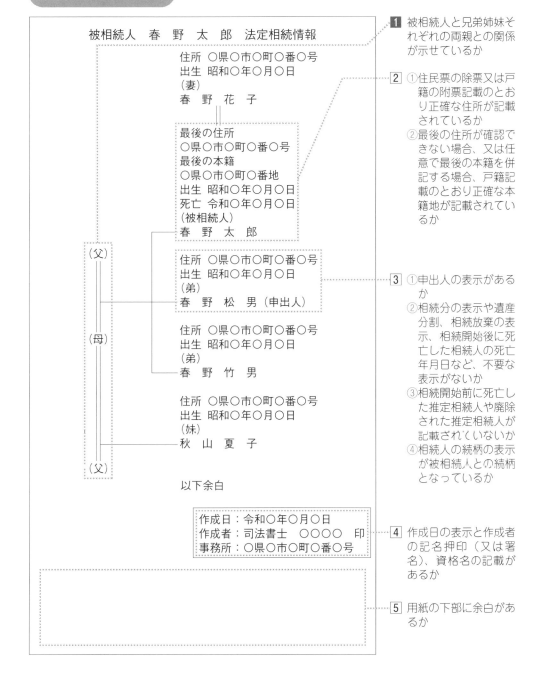

ポイント解説

1 異父母の兄弟姉妹がいる場合

　兄弟姉妹が相続人となる場合において、「父母の一方のみを同じくする兄弟姉妹の相続分は、父母の双方を同じくする兄弟姉妹の相続分の2分の1とする」と規定されています（民900四ただし書）。そのため、父母の一方のみを同じくする兄弟姉妹と父母の双方を同じくする兄弟姉妹の別を示す必要があるときは、それぞれの両親との関係を線で結ぶなどし、表示する必要があります。

2 被相続人の表示　　→Case12 2 参照

3 相続人の表示　　→Case12 3 参照

4 作成者の表示と押印　　→Case12 4 参照

5 一覧図の印刷と余白　　→Case12 5 参照

必要書類

※内容が重複するもの又は他の者に係る証明書等で兼ねることができるものについては、重ねて取得する必要はありません。

書類名	必要な場合	取得先	☑
① 被相続人及び亡父母の出生から死亡までの戸籍全部事項証明書（戸籍謄本）・除籍全部事項証明書（除籍謄本）	必　須	本籍地の市区町村役場	☐
② 被相続人の亡祖父母等の死亡事項の記載のある除籍全部事項証明書（除籍謄本）	①によって判明する祖父母等の生年月日から、当該祖父母等が生存している可能性がある場合	本籍地の市区町村役場	☐
③ ①②の一部が滅失しているときは、「除籍等の謄本が交付できない」旨の証明書	①②の一部が滅失している場合	本籍地の市区町村役場	☐

④ 被相続人の住民票の除票の写し（又は戸籍の附票の写し） ※廃棄されている場合は、一覧図には被相続人の最後の住所の記載に代えて最後の本籍を記載する。	必　須	最後の住所地の市区町村役場（戸籍の附票の写しの場合は、本籍地の市区町村役場）	☐
⑤ 相続人である配偶者及び兄弟姉妹全員の戸籍全部（個人）事項証明書（戸籍謄抄本）	必　須	本籍地の市区町村役場	☐
⑥ 申出人の氏名・住所を確認できる公的証明書 （⑦と兼ねることができる。また、運転免許証や健康保険証でもよい。ただし、写しの場合は申出人の原本証明が必要。）	必　須	―	☐
⑦ 相続人である配偶者及び兄弟姉妹全員の住民票の写し（又は戸籍の附票の写し）	一覧図に相続人の住所を記載する場合	住所地の市区町村役場（戸籍の附票の写しの場合は、本籍地の市区町村役場）	☐
⑧ 被相続人の亡子や亡孫の出生から死亡までの戸籍全部事項証明書（戸籍謄本）・除籍全部事項証明書（除籍謄本）	相続開始以前に死亡している子や孫がいる場合	本籍地の市区町村役場	☐
⑨ 委任状	委任による代理人が申出手続をする場合	作　成	☐
⑩ 士業団体所定の身分証明書の写し	戸籍法10条の2第3項に掲げる者（ただし、個人）が代理人となる場合	―	☐
⑪ 士業法人の登記事項証明書	士業法人が代理人となる場合	法務局	☐

Case15 配偶者のほか、兄弟姉妹が多数であり、法定相続情報一覧図が複数枚にわたる場合

作成時のポイント

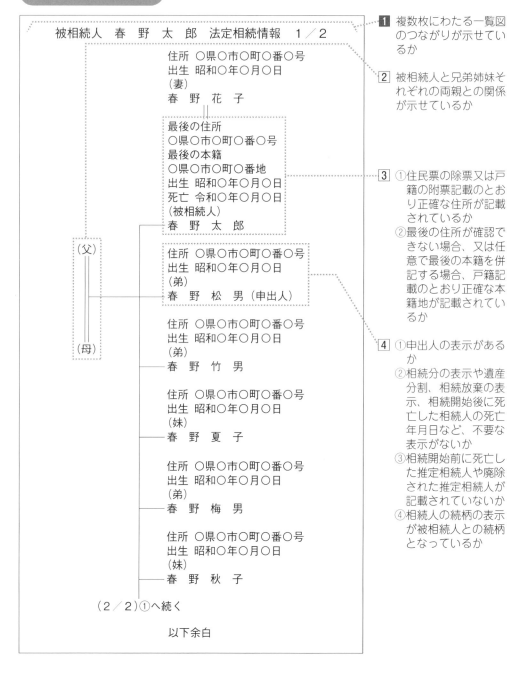

第3章　第1　法定相続情報一覧図　　　89

被相続人　春　野　太　郎　法定相続情報　2／2

①

住所　〇県〇市〇町〇番〇号
出生　昭和〇年〇月〇日
（妹）
春　野　冬　子

以下余白

作成日：令和〇年〇月〇日
作成者：司法書士　〇〇〇〇　印
事務所：〇県〇市〇町〇番〇号

5　作成日の表示と作成者
　　の記名押印（又は署
　　名）、資格名の記載が
　　あるか

6　用紙の下部に余白があ
　　るか

ポイント解説

1 一覧図の作成について

1 一覧図が複数枚にわたる場合の一覧図の作成

一覧図は、A4縦の丈夫な用紙を使用するとされている（基本通達第2 3(3)ケ）ので、相続人が多数でA4縦の用紙1枚に記載できないときなどは、A4縦の用紙を複数枚使用して作成することになります。

2 表題の記載

一覧図が複数枚にわたる場合には、最初のページの表題に「被相続人〇〇〇〇法定相続情報1／2」のように記載し、2ページ目には、前のページを受けて表題に「被相続人〇〇〇〇法定相続情報2／2」のように記載します。

3 親族関係の表示

一覧図が複数枚にわたる場合に、親族関係のつながりを表示するには、最初のページの該当部分に「(2／2)①へ続く」、次ページには連続性が分かるように、該当する個所に「①」などと記載してから関係性を示す線を結ぶようにします。

2 兄弟姉妹が相続人となる場合　　→Case12 **1** 参照

3 被相続人の表示　　→Case12 **2** 参照

4 相続人の表示　　→Case12 **3** 参照

5 作成者の表示と押印　　→Case12 **4** 参照

6 一覧図の印刷と余白　　→Case12 **5** 参照

必要書類

※内容が重複するもの又は他の者に係る証明書等で兼ねることができるものについては、重ねて取得する必要はありません。

書類名	必要な場合	取得先	☑
① 被相続人及び亡父母の出生から死亡までの戸籍全部事項証明書（戸籍謄本）・除籍全部事項証明書（除籍謄本）	必　須	本籍地の市区町村役場	☐

	必要となる場合	取得先	
② 被相続人の亡祖父母等の死亡事項の記載のある除籍全部事項証明書（除籍謄本）	①によって判明する祖父母等の生年月日から、当該祖父母等が生存している可能性がある場合	本籍地の市区町村役場	☐
③ ①②の一部が滅失しているときは、「除籍等の謄本が交付できない」旨の証明書	①②の一部が滅失している場合	本籍地の市区町村役場	☐
④ 被相続人の住民票の除票の写し（又は戸籍の附票の写し） ※廃棄されている場合は、一覧図には被相続人の最後の住所の記載に代えて最後の本籍を記載する。	必 須	最後の住所地の市区町村役場（戸籍の附票の写しの場合は、本籍地の市区町村役場）	☐
⑤ 相続人である配偶者及び兄弟姉妹全員の戸籍全部（個人）事項証明書（戸籍謄抄本）	必 須	本籍地の市区町村役場	☐
⑥ 申出人の氏名・住所を確認できる公的証明書 （⑦と兼ねることができる。また、運転免許証や健康保険証でもよい。ただし、写しの場合は申出人の原本証明が必要。）	必 須	－	☐
⑦ 相続人である配偶者及び兄弟姉妹全員の住民票の写し（又は戸籍の附票の写し）	一覧図に相続人の住所を記載する場合	住所地の市区町村役場（戸籍の附票の写しの場合は、本籍地の市区町村役場）	☐
⑧ 被相続人の亡子や亡孫の出生から死亡までの戸籍全部事項証明書（戸籍謄本）・除籍全部事項証明書（除籍謄本）	相続開始以前に死亡している子や孫がいる場合	本籍地の市区町村役場	☐
⑨ 委任状	委任による代理人が申出手続をする場合	作 成	☐
⑩ 士業団体所定の身分証明書の写し	戸籍法10条の2第3項に掲げる者（ただし、個人）が代理人となる場合	－	☐
⑪ 士業法人の登記事項証明書	士業法人が代理人となる場合	法務局	☐

Case16　列挙形式（配偶者のほか、同父母の兄弟姉妹及び異父母の兄弟姉妹がいる場合）

作成時のポイント

被相続人　春　野　太　郎　法定相続情報

最後の住所	○県○市○町○番○号
最後の本籍	○県○市○町○番地
出生	昭和○年○月○日
死亡	令和○年○月○日
（被相続人）	春　野　太　郎

住所	○県○市○町○番○号
出生	昭和○年○月○日
（妻）	春　野　花　子（申出人）

住所	○県○市○町○番○号
出生	昭和○年○月○日
（父母の双方を同じくする弟）	春　野　松　男

住所	○県○市○町○番○号
出生	昭和○年○月○日
（父母の双方を同じくする弟）	春　野　竹　男

住所	○県○市○町○番○号
出生	昭和○年○月○日
（父母の一方を同じくする妹）	秋　山　夏　子

以下余白

作成日：令和○年○月○日
作成者：司法書士　○○○○　印
事務所：○県○市○町○番○号

1 一覧図の写しの利用目的が兄弟姉妹の同父母・異父母の別を示す必要のないときまで当該事項を記載していないか

2 ①住民票の除票又は戸籍の附票記載のとおり正確な住所が記載されているか
②最後の住所が確認できない場合、又は任意で最後の本籍を併記する場合、戸籍記載のとおり正確な本籍地が記載されているか

3 ①申出人の表示があるか
②相続分の表示や遺産分割、相続放棄の表示、相続開始後に死亡した相続人の死亡年月日など、不要な表示がないか
③相続開始前に死亡した推定相続人や廃除された推定相続人が記載されていないか
④相続人の続柄の表示が被相続人との続柄となっているか

4 作成日の表示と作成者の記名押印（又は署名）、資格名の記載があるか

5 用紙の下部に余白があるか

第3章　第1　法定相続情報一覧図　　　93

ポイント解説

1　一覧図の作成について

1　列挙形式の一覧図

　一覧図は、必ず図示することを求められているものではなく、相続人を列挙する形式で作成することも可能です。列挙形式を用いる場面に特に制限はありませんが、相続人が多数の場合や、相続人に嫡出でない子や父母の一方が異なる兄弟姉妹がいて、その利用目的においてこれらの情報を示す必要がない場合などに、その利用が想定されています。

　ただし、利用目的においてこれらの情報を示す必要がある場合は、「嫡出子、嫡出でない子」や「父母の一方のみを同じくする兄弟姉妹、父母の双方を同じくする兄弟姉妹」と記載することも認められています。

2　列挙形式を利用する場合の注意点

　兄弟姉妹が相続人のケースで、列挙形式で作成した一覧図に父母の双方を同じくするのか父母の一方のみを同じくするのかについて情報の併記がない場合、一覧図からは法定相続分が分かりません。この場合、法定相続による権利の移転登記の申請等において、一覧図の写しに加えて法定相続分を疎明できる資料が別途必要となりますので、注意が必要です。

　なお、列挙形式で作成された一覧図の写しは、相続税の申告書の添付書面として利用することができません（相税規16③一ロ）。これは、列挙形式の一覧図では、法定相続分が確認できないこともあるためとされています（国税庁ホームページ「平成30年度税制改正により相続税の申告書の添付書類の範囲が広がりました（平成30年4月1日以後に提出する申告書から適用）」）。

2　被相続人の表示　　→Case12 **2** 参照

3　相続人の表示　　→Case12 **3** 参照

4　作成者の表示と押印　　→Case12 **4** 参照

5　一覧図の印刷と余白　　→Case12 **5** 参照

必要書類

※内容が重複するもの又は他の者に係る証明書等で兼ねることができるものについては、
　重ねて取得する必要はありません。

書類名	必要な場合	取得先	☑
①　被相続人及び亡父母の出生から死亡までの戸籍全部事項証明書（戸籍謄本）・除籍全部事項証明書（除籍謄本）	必　須	本籍地の市区町村役場	☐
②　被相続人の亡祖父母等の死亡事項の記載のある除籍全部事項証明書（除籍謄本）	①によって判明する祖父母等の生年月日から、当該祖父母等が生存している可能性がある場合	本籍地の市区町村役場	☐
③　①②の一部が滅失しているときは、「除籍等の謄本が交付できない」旨の証明書	①②の一部が滅失している場合	本籍地の市区町村役場	☐
④　被相続人の住民票の除票の写し（又は戸籍の附票の写し）※廃棄されている場合は、一覧図には被相続人の最後の住所の記載に代えて最後の本籍を記載する。	必　須	最後の住所地の市区町村役場（戸籍の附票の写しの場合は、本籍地の市区町村役場）	☐
⑤　相続人である配偶者及び兄弟姉妹全員の戸籍全部（個人）事項証明書（戸籍謄抄本）	必　須	本籍地の市区町村役場	☐
⑥　申出人の氏名・住所を確認できる公的証明書（⑦と兼ねることができる。また、運転免許証や健康保険証でもよい。ただし、写しの場合は申出人の原本証明が必要。）	必　須	－	☐
⑦　相続人である配偶者及び兄弟姉妹全員の住民票の写し（又は戸籍の附票の写し）	一覧図に相続人の住所を記載する場合	住所地の市区町村役場（戸籍の附票の写しの場合は、本籍地の市区町村役場）	☐

第3章 第1 法定相続情報一覧図 95

⑧　被相続人の亡子や亡孫の出生から死亡までの戸籍全部事項証明書（戸籍謄本）・除籍全部事項証明書（除籍謄本）	相続開始以前に死亡している子や孫がいる場合	本籍地の市区町村役場	☐
⑨　委任状	委任による代理人が申出手続をする場合	作　成	☐
⑩　士業団体所定の身分証明書の写し	戸籍法10条の2第3項に掲げる者（ただし、個人）が代理人となる場合	―	☐
⑪　士業法人の登記事項証明書	士業法人が代理人となる場合	法務局	☐

5　法定相続人が配偶者及び甥・姪である場合

Case17　配偶者のほか、甥・姪がいる場合

作成時のポイント

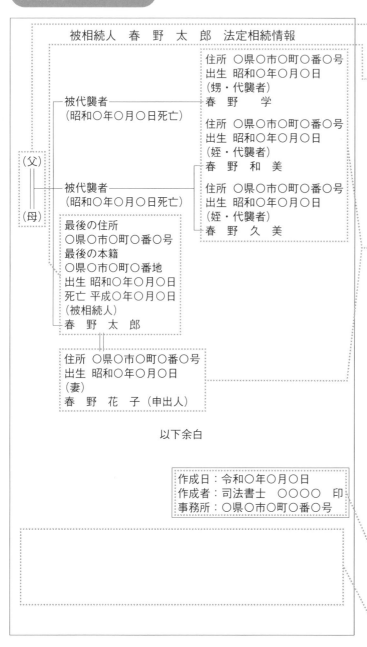

1 被相続人と兄弟姉妹それぞれの両親との関係が示せているか

2 ①住民票の除票又は戸籍の附票記載のとおり正確な住所が記載されているか
②最後の住所が確認できない場合、又は任意で最後の本籍を併記する場合、戸籍記載のとおり正確な本籍地が記載されているか

3 ①申出人の表示があるか
②相続分の表示や遺産分割、相続放棄の表示、相続開始後に死亡した相続人の死亡年月日など、不要な表示がないか
③相続開始前に死亡した推定相続人や廃除された推定相続人が記載されていないか
④相続人の続柄の表示が被相続人との続柄となっているか
⑤嫡出子と嫡出でない子を示す必要がある場合、それぞれの両親の関係が表示されているか

4 作成日の表示と作成者の記名押印（又は署名）、資格名の記載があるか

5 用紙の下部に余白があるか

第3章　第1　法定相続情報一覧図　　97

ポイント解説

1 甥・姪が代襲相続人となる場合の表示

1 被代襲者である兄弟姉妹がいる場合

兄弟姉妹が相続人となる場合において、「父母の一方のみを同じくする兄弟姉妹の相続分は、父母の双方を同じくする兄弟姉妹の相続分の2分の1とする」と規定されています（民900四ただし書）。そのため、父母の一方のみを同じくする兄弟姉妹と、父母の双方を同じくする兄弟姉妹の別を示す必要があるときは、それぞれの両親との関係を線で結ぶなどし、表示する必要があります。

これは、甥・姪が代襲相続人になる場合の被代襲者である兄弟姉妹についても同様です。

2 兄弟姉妹の代襲

兄弟姉妹の代襲については、これを規定した民法889条2項の規定が、直系卑属の再代襲を規定した同法887条3項の規定を準用していないことから、甥・姪までの一代限りとなります。ただし、昭和56年1月1日施行の民法の一部改正前は上記民法889条2項の規定が同法887条3項の規定を準用していたことから、昭和55年12月31日以前に開始した相続については、兄弟姉妹の直系卑属に再代襲が認められていたことには注意が必要です。

2 被相続人の表示

1 被相続人の表示項目

被相続人の氏名、生年月日、最後の住所及び死亡の年月日を記載し、被相続人の氏名には「被相続人」と併記します（規則247①ニ、基本通達第2　3(3)イ）。また、申出人の任意により、最後の住所に並べて最後の本籍も記載することができます。

2 住所の表示

最後の住所は、住民票の除票（又は戸籍の附票）により確認して記載します。

また、申出人の任意により、最後の住所に並べて最後の本籍を記載することもできますが、住民票の除票等が市区町村において廃棄されている場合は、被相続人の最後の住所の記載に代えて最後の本籍を必ず記載しなければなりません（基本通達第2　3(3)コ）。

3 戸籍記載の氏名が誤字・俗字の場合

戸籍に記載されている被相続人や相続人の氏名が誤字・俗字である場合、一覧図に

記載する氏名は、戸籍に記載のある文字と正字に引き直された文字のいずれでも差し支えないとされています。

3 相続人の表示

1 申出人の表示

一覧図の保管及び交付の申出ができるのは、相続人又は当該相続人の地位を相続により承継した者に限定されています。一覧図には申出人が記名することとされていますが、申出人が相続人として記載されている場合は、一覧図への申出人の記名は、当該相続人の氏名に「申出人」と併記することでも差し支えないとされています（規則247③一、基本通達第2 3(3)エ）。

2 相続人の表示項目

相続人の氏名、生年月日及び被相続人との続柄を記載します（規則247①二）。また、申出人の任意により、相続人の住所を記載することもできます。記載する場合は、住民票（又は戸籍の附票）等にあるとおり記載し、住民票等の提出が必要になります（規則247④）。

3 続柄の表示

続柄の表示については、戸籍に記載される続柄を記載します。

したがって、被相続人の配偶者であれば「夫」や「妻」、子であれば「長男」、「長女」、「養子」などとします。ただし、続柄の記載は、あくまで被相続人との続柄である必要があることから、戸籍に記載される続柄では表記することができない場合、例えば兄弟姉妹が相続人である場合は「姉」や「弟」、また代襲相続がある場合であって被相続人の孫や甥・姪が代襲相続人となる場合は「孫」、「甥」、「姪」とします。

なお、申出人の任意により、被相続人の配偶者が相続人である場合にその続柄を「配偶者」としたり、同じく子である場合に「子」とすることでも差し支えないとされています（基本通達第2 3(3)ウ）。

4 戸籍記載の氏名が誤字・俗字の場合

2 3参照

5 一覧図に記載する相続人

一覧図に記載する相続人は、相続開始の時における同順位の相続人とされています。そのため、たとえ被相続人の配偶者や子、又は兄弟姉妹であった者でも相続開始の時において相続人でない者は記載することはできず、これを記載したときは訂正（削除）を求められます。

6 被代襲者の記載について

相続人となるべきであった子や兄弟姉妹に代襲者がいる場合は、当該子や兄弟姉妹について、「被代襲者（年月日死亡）」などと記載した上で、代襲者を記載します。この場合、廃除による代襲を除き死亡による代襲の場合は、被代襲者の氏名を具体的に記載しても差し支えありません。

7 同時死亡の場合

民法32条の2では、「数人の者が死亡した場合において、そのうちの一人が他の者の死亡後になお生存していたことが明らかでないときは、これらの者は、同時に死亡したものと推定する。」とされており、この場合、死亡者相互間では相続は生じないこととされています。したがって、同時に死亡した者相互間では、他の者が相続開始前に死亡した場合と同様、当該他の者は一覧図には記載しません。

ただし、親子が同時死亡した場合の孫や兄弟姉妹が同時死亡した場合の甥・姪など、相続人となるべきであった者に子がいる場合は、当該孫や甥・姪は相続人となるべきであった子や兄弟姉妹を代襲して相続人になります（民887②・889②）。これは、昭和37年の民法の一部改正で、「被相続人の子が、相続の『開始前』に死亡したとき……」という文言が『開始以前』と改められ、この中に同時死亡の場合も含むとされたためです。したがって、このような場合は、当該子や兄弟姉妹について、「被代襲者（年月日死亡）」などと記載した上で、当該孫や甥・姪を代襲者として記載します。なお、死亡による代襲の場合は、被代襲者の氏名を具体的に記載しても差し支えありません。

8 相続開始後に死亡した相続人の表示

一覧図は、戸除籍謄抄本の記載から判明する被相続人の死亡時点の相続関係を表すものであるため、相続開始後に死亡した相続人があったとしても、その者は相続人として記載します。ただし、あくまでも被相続人の死亡時点の相続関係を表すものであるため、相続開始後に死亡した相続人の死亡年月日は記載されません。一覧図に当該年月日を記載した場合は、訂正（削除）を求められます。

9 相続放棄・遺産分割の表示

一覧図は、あくまでも戸除籍謄抄本の記載から判明する相続関係を表すものであるため、戸除籍謄抄本の記載からは判明しない相続欠格や相続放棄の有無又は遺産分割協議の結果などは記載しません。これらを併記した場合は、たとえこれらの事由を証する書面を添付しても、訂正（削除）を求められます。

10 廃除された推定相続人の表示

一覧図は、戸除籍謄抄本の記載から判明する相続関係を表すものです。推定相続人

の廃除の裁判が確定したときは、その旨が戸籍に記載されることになります。そのため、廃除された推定相続人は記載しません（基本通達第2　3(3)キ）。

　なお、相続人の廃除は、遺留分を有する推定相続人に対してなされるものであるため（民892）、遺留分を有しない兄弟姉妹が廃除の対象になることはありません。そのため、本Caseにおいては、配偶者の廃除はあり得ますが、兄弟姉妹の廃除はあり得ず、兄弟姉妹が被代襲者になる場合は常に死亡のときだけです（相続欠格の場合も代襲が生じますが、相続欠格は戸籍の記載から判明しないため、一覧図にはその旨を記載せず、通常の相続人として記載することになります。）。したがって、甥・姪が代襲相続人になるときは、被代襲者である兄弟姉妹の氏名は具体的に記載しても差し支えありません。

　11　「嫡出子」「嫡出でない子」等の表示

　民法の一部を改正する法律（平成25年法律第94号）を踏まえ、平成25年9月4日以前に開始した相続について、相続人たる被相続人の子が複数いる場合で、嫡出子と嫡出でない子を示す必要があるときは、嫡出子については、その両親の関係を表す線を二本線（二重線）とし、嫡出でない子については、その両親の関係を表す線は一本線とします（法務局ホームページ「主な法定相続情報一覧図の様式及び記載例」）。これは、相続人となるべきであった子や兄弟姉妹が被相続人の死亡以前に死亡しており、当該子や兄弟姉妹に代襲者が数人いて、当該代襲者が嫡出子か嫡出でない子かを示す必要がある場合も同様です（民901）。

　　　　＜本Caseにおいて代襲者が嫡出子か嫡出でない子かを示す
　　　　　必要がある場合の記載例＞

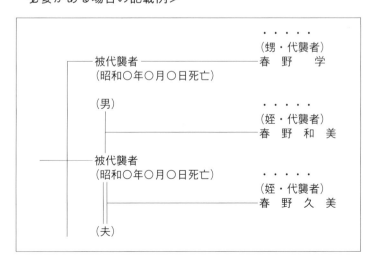

12 法定相続分の表示

一覧図において相続分の表示は認められていません。相続人について、法定相続分を併記した場合には、訂正（削除）を求められます。

13 父母等の表示

相続人ではない被相続人春野太郎の父母については、氏名及び死亡年月日は記載しません。

4 作成者の表示と押印

一覧図には、作成の年月日を記載し、作成した申出人又はその代理人は、住所を記載し、記名押印（又は署名）します。代理人が戸籍法10条の2第3項に掲げる者である場合は、住所については事務所所在地とし、併せてその資格の名称も記載します（規則247③一、基本通達第2　3(3)オ）。

5 一覧図の印刷と余白

一覧図は、A4縦の丈夫な用紙を使用します（基本通達第2　3(3)ケ）。なお、下から約5cmの範囲に認証文が付されますので、可能な限り下から約5cmの範囲には記載をしません（法務局ホームページ「主な法定相続情報一覧図の様式及び記載例」）。

必要書類

※内容が重複するもの又は他の者に係る証明書等で兼ねることができるものについては、
　重ねて取得する必要はありません。

書類名	必要な場合	取得先	☑
① 被相続人、被代襲者、亡父母の出生から死亡までの戸籍全部事項証明書（戸籍謄本）・除籍全部事項証明書（除籍謄本）	必　須	本籍地の市区町村役場	☐
② 被相続人の亡祖父母等の死亡事項の記載のある除籍全部事項証明書（除籍謄本）	①によって判明する祖父母等の生年月日から、当該祖父母等が生存している可能性がある場合	本籍地の市区町村役場	☐

③ ①②の一部が滅失しているときは、「除籍等の謄本が交付できない」旨の証明書	①②の一部が滅失している場合	本籍地の市区町村役場	☐
④ 被相続人の住民票の除票の写し（又は戸籍の附票の写し） ※廃棄されている場合は、一覧図には被相続人の最後の住所の記載に代えて最後の本籍を記載する。	必　須	最後の住所地の市区町村役場（戸籍の附票の写しの場合は、本籍地の市区町村役場）	☐
⑤ 相続人である配偶者及び甥・姪全員の戸籍全部（個人）事項証明書（戸籍謄抄本）	必　須	本籍地の市区町村役場	☐
⑥ 申出人の氏名・住所を確認できる公的証明書 （⑦と兼ねることができる。また、運転免許証や健康保険証でもよい。ただし、写しの場合は申出人の原本証明が必要。）	必　須	―	☐
⑦ 相続人である配偶者及び甥・姪全員の住民票の写し（又は戸籍の附票の写し）	一覧図に相続人の住所を記載する場合	住所地の市区町村役場（戸籍の附票の写しの場合は、本籍地の市区町村役場）	☐
⑧ 被相続人の亡子や亡孫の出生から死亡までの戸籍全部事項証明書（戸籍謄本）・除籍全部事項証明書（除籍謄本）	相続開始以前に死亡している子や孫がいる場合	本籍地の市区町村役場	☐
⑨ 委任状	委任による代理人が申出手続をする場合	作　成	☐
⑩ 士業団体所定の身分証明書の写し	戸籍法10条の2第3項に掲げる者（ただし、個人）が代理人となる場合	―	☐
⑪ 士業法人の登記事項証明書	士業法人が代理人となる場合	法務局	☐

Case18 配偶者のほか、同父母の兄弟姉妹及び異父母の兄弟姉妹の子である甥・姪がいる場合

作成時のポイント

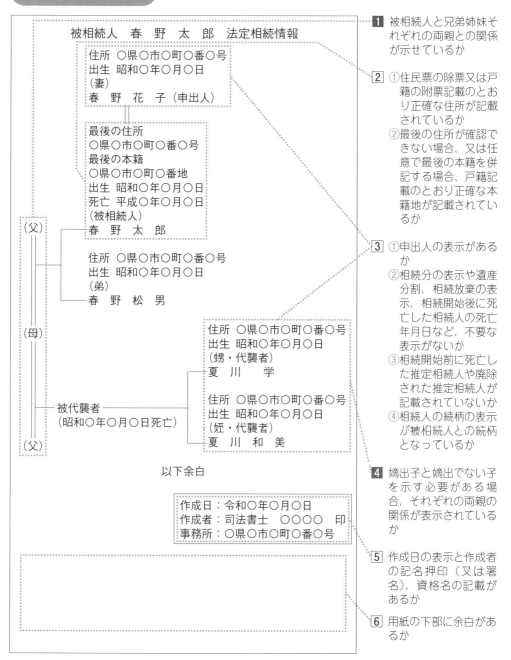

ポイント解説

1　同父母・異父母の兄弟姉妹の子等の表示

1　異父母の兄弟姉妹がいる場合

　兄弟姉妹が相続人となる場合において、「父母の一方のみを同じくする兄弟姉妹の相続分は、父母の双方を同じくする兄弟姉妹の相続分の2分の1とする」と規定されています（民900四ただし書）。そのため、父母の一方のみを同じくする兄弟姉妹と、父母の双方を同じくする兄弟姉妹の別を示す必要があるときは、それぞれの両親との関係を線で結ぶなどし、表示する必要があります。

　これは、甥・姪が代襲相続人になる場合の被代襲者である兄弟姉妹についても同様です。

2　兄弟姉妹の代襲

　兄弟姉妹の代襲については、これを規定した民法889条2項の規定が、直系卑属の再代襲を規定した同法887条3項の規定を準用していないことから、甥・姪までの一代限りとなります。ただし、昭和56年1月1日施行の民法の一部改正前は上記民法889条2項の規定が同法887条3項の規定を準用していたことから、昭和55年12月31日以前に開始した相続については、兄弟姉妹の直系卑属に再代襲が認められていたことには注意が必要です。

2　被相続人の表示　　→Case17 2 参照

3　相続人の表示　　→Case17 3 （11を除きます）参照

4　「嫡出子」「嫡出でない子」等の表示

　民法の一部を改正する法律（平成25年法律第94号）を踏まえ、平成25年9月4日以前に開始した相続について、相続人たる被相続人の子が複数いる場合で、嫡出子と嫡出でない子を示す必要があるときは、嫡出子については、その両親の関係を表す線を二本線（二重線）とし、嫡出でない子については、その両親の関係を表す線は一本線とします（法務局ホームページ「主な法定相続情報一覧図の様式及び記載例」）。

　これは、相続人となるべきであった子や兄弟姉妹が被相続人の死亡以前に死亡しており、当該子や兄弟姉妹に代襲者が数人いて、当該代襲者が嫡出子か嫡出でない子かを示す必要がある場合も同様です（民901）。

＜本Caseにおいて代襲者が嫡出子か嫡出でない子かを示す
　必要がある場合の記載例＞

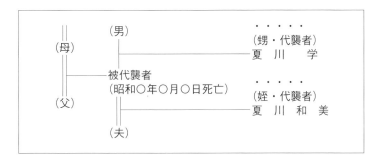

⑤　作成者の表示と押印　　→Case17 ④ 参照

⑥　一覧図の印刷と余白　　→Case17 ⑤ 参照

必要書類

※内容が重複するもの又は他の者に係る証明書等で兼ねることができるものについては、重ねて取得する必要はありません。

書類名	必要な場合	取得先	☑
①　被相続人、被代襲者、亡父母の出生から死亡までの戸籍全部事項証明書（戸籍謄本）・除籍全部事項証明書（除籍謄本）	必須	本籍地の市区町村役場	☐
②　被相続人の亡祖父母等の死亡事項の記載のある除籍全部事項証明書（除籍謄本）	①によって判明する祖父母等の生年月日から、当該祖父母等が生存している可能性がある場合	本籍地の市区町村役場	☐
③　①②の一部が滅失しているときは、「除籍等の謄本が交付できない」旨の証明書	①②の一部が滅失している場合	本籍地の市区町村役場	☐
④　被相続人の住民票の除票の写し（又は戸籍の附票の写し） ※廃棄されている場合は、一覧図には被相	必須	最後の住所地の市区町村役場（戸籍の附票の	☐

続人の最後の住所の記載に代えて最後の本籍を記載する。		写しの場合は、本籍地の市区町村役場）	
⑤ 相続人である配偶者、兄弟姉妹及び甥・姪全員の戸籍全部（個人）事項証明書（戸籍謄抄本）	必　須	本籍地の市区町村役場	☐
⑥ 申出人の氏名・住所を確認できる公的証明書 （⑦と兼ねることができる。また、運転免許証や健康保険証でもよい。ただし、写しの場合は申出人の原本証明が必要。）	必　須	―	☐
⑦ 相続人である配偶者、兄弟姉妹及び甥・姪全員の住民票の写し（又は戸籍の附票の写し）	一覧図に相続人の住所を記載する場合	住所地の市区町村役場（戸籍の附票の写しの場合は、本籍地の市区町村役場）	☐
⑧ 被相続人の亡子や亡孫の出生から死亡までの戸籍全部事項証明書（戸籍謄本）・除籍全部事項証明書（除籍謄本）	相続開始以前に死亡している子や孫がいる場合	本籍地の市区町村役場	☐
⑨ 委任状	委任による代理人が申出手続をする場合	作　成	☐
⑩ 士業団体所定の身分証明書の写し	戸籍法10条の2第3項に掲げる者（ただし、個人）が代理人となる場合	―	☐
⑪ 士業法人の登記事項証明書	士業法人が代理人となる場合	法務局	☐

Case19 配偶者のほか、同父母の兄弟姉妹の子である甥・姪及び異父母の兄弟姉妹の子である甥・姪がいる場合

作成時のポイント

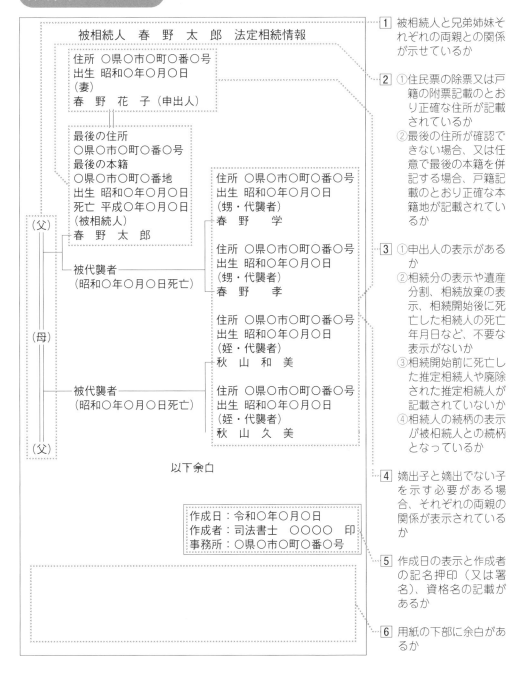

ポイント解説

1　同父母・異父母の兄弟姉妹の子等の表示　　→Case18 **1** 参照

2　被相続人の表示　　→Case17 **2** 参照

3　相続人の表示　　→Case17 **3** （11を除きます）参照

4　「嫡出子」「嫡出でない子」等の表示　　→Case18 **4** 参照

5　作成者の表示と押印　　→Case17 **4** 参照

6　一覧図の印刷と余白　　→Case17 **5** 参照

必要書類

※内容が重複するもの又は他の者に係る証明書等で兼ねることができるものについては、重ねて取得する必要はありません。

書類名	必要な場合	取得先	☑
①　被相続人、被代襲者、亡父母の出生から死亡までの戸籍全部事項証明書（戸籍謄本）・除籍全部事項証明書（除籍謄本）	必　須	本籍地の市区町村役場	☐
②　被相続人の亡祖父母等の死亡事項の記載のある除籍全部事項証明書（除籍謄本）	①によって判明する祖父母等の生年月日から、当該祖父母等が生存している可能性がある場合	本籍地の市区町村役場	☐
③　①②の一部が滅失しているときは、「除籍等の謄本が交付できない」旨の証明書	①②の一部が滅失している場合	本籍地の市区町村役場	☐
④　被相続人の住民票の除票の写し（又は戸籍の附票の写し） ※廃棄されている場合は、一覧図には被相続人の最後の住所の記載に代えて最後の本籍を記載する。	必　須	最後の住所地の市区町村役場（戸籍の附票の写しの場合は、本籍地の市区町村役場）	☐

第3章　第1　法定相続情報一覧図　　　109

⑤　相続人である配偶者及び甥・姪全員の戸籍全部（個人）事項証明書（戸籍謄抄本）	必　　須	本籍地の市区町村役場	☐
⑥　申出人の氏名・住所を確認できる公的証明書 　（⑦と兼ねることができる。また、運転免許証や健康保険証でもよい。ただし、写しの場合は申出人の原本証明が必要。）	必　　須	—	☐
⑦　相続人である配偶者及び甥・姪全員の住民票の写し（又は戸籍の附票の写し）	一覧図に相続人の住所を記載する場合	住所地の市区町村役場（戸籍の附票の写しの場合は、本籍地の市区町村役場）	☐
⑧　被相続人の亡子や亡孫の出生から死亡までの戸籍全部事項証明書（戸籍謄本）・除籍全部事項証明書（除籍謄本）	相続開始以前に死亡している子や孫がいる場合	本籍地の市区町村役場	☐
⑨　委任状	委任による代理人が申出手続をする場合	作　　成	☐
⑩　士業団体所定の身分証明書の写し	戸籍法10条の2第3項に掲げる者（ただし、個人）が代理人となる場合	—	☐
⑪　士業法人の登記事項証明書	士業法人が代理人となる場合	法務局	☐

Case20 配偶者のほか、甥・姪が多数であり、法定相続情報一覧図が複数枚にわたる場合

作成時のポイント

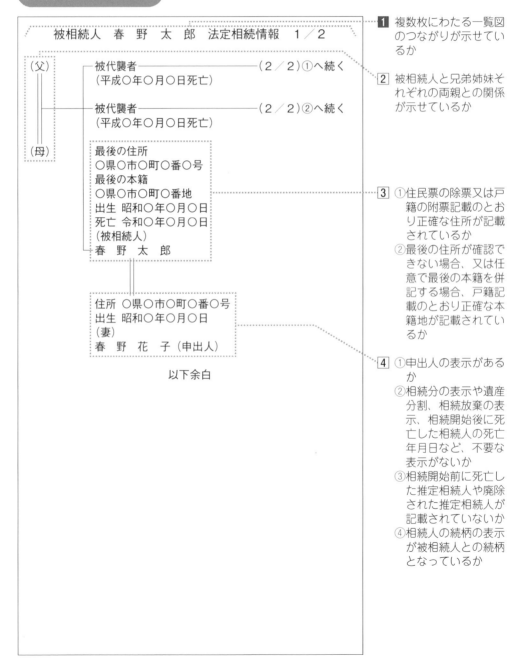

1 複数枚にわたる一覧図のつながりが示せているか

2 被相続人と兄弟姉妹それぞれの両親との関係が示せているか

3 ①住民票の除票又は戸籍の附票記載のとおり正確な住所が記載されているか
②最後の住所が確認できない場合、又は任意で最後の本籍を併記する場合、戸籍記載のとおり正確な本籍地が記載されているか

4 ①申出人の表示があるか
②相続分の表示や遺産分割、相続放棄の表示、相続開始後に死亡した相続人の死亡年月日など、不要な表示がないか
③相続開始前に死亡した推定相続人や廃除された推定相続人が記載されていないか
④相続人の続柄の表示が被相続人との続柄となっているか

第3章 第1 法定相続情報一覧図　　　111

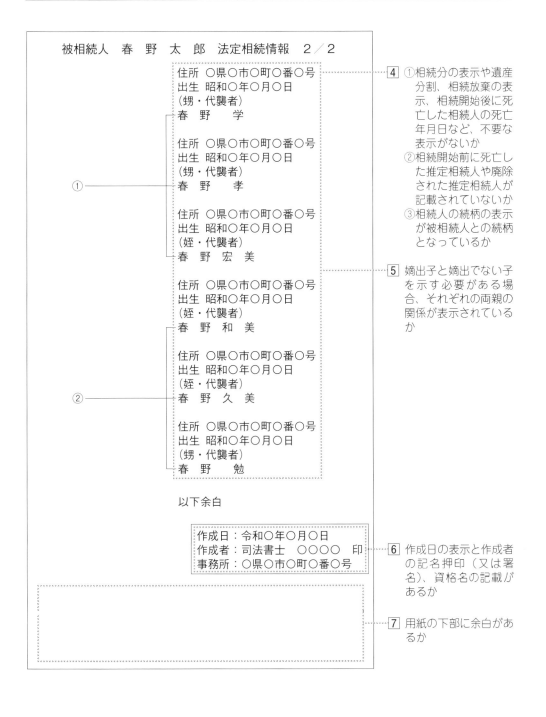

ポイント解説

1　一覧図の作成について

1　一覧図が複数枚にわたる場合の一覧図の作成

　一覧図は、A4縦の丈夫な用紙を使用するとされている（基本通達第2　3(3)ケ）ので、相続人が多数でA4縦の用紙1枚に記載できないときなどは、A4縦の用紙を複数枚使用して作成することになります。

2　表題の記載

　一覧図が複数枚にわたる場合には、最初のページの表題に「被相続人○○○○法定相続情報1／2」のように記載し、2ページ目には、前のページを受けて表題に「被相続人○○○○法定相続情報2／2」のように記載します。

3　親族関係の表示

　一覧図が複数枚にわたる場合に、親族関係のつながりを表示するには、最初のページの該当部分に「(2／2)①へ続く」、次ページには連続性が分かるように、該当する個所に「①」などと記載してから関係性を示す線を結ぶようにします。

2　同父母・異父母の兄弟姉妹の子等の表示　　→Case18 **1** 参照

3　被相続人の表示　　→Case17 **2** 参照

4　相続人の表示　　→Case17 **3**（11を除きます）参照

5　「嫡出子」「嫡出でない子」等の表示　　→Case18 **4** 参照

6　作成者の表示と押印　　→Case17 **4** 参照

7　一覧図の印刷と余白　　→Case17 **5** 参照

第3章　第1　法定相続情報一覧図　　　113

必要書類

※内容が重複するもの又は他の者に係る証明書等で兼ねることができるものについては、
　重ねて取得する必要はありません。

書類名	必要な場合	取得先	☑
①　被相続人、被代襲者、亡父母の出生から死亡までの戸籍全部事項証明書（戸籍謄本）・除籍全部事項証明書（除籍謄本）	必　須	本籍地の市区町村役場	☐
②　被相続人の亡祖父母等の死亡事項の記載のある除籍全部事項証明書（除籍謄本）	①によって判明する祖父母等の生年月日から、当該祖父母等が生存している可能性がある場合	本籍地の市区町村役場	☐
③　①②の一部が滅失しているときは、「除籍等の謄本が交付できない」旨の証明書	①②の一部が滅失している場合	本籍地の市区町村役場	☐
④　被相続人の住民票の除票の写し（又は戸籍の附票の写し）※廃棄されている場合は、一覧図には被相続人の最後の住所の記載に代えて最後の本籍を記載する。	必　須	最後の住所地の市区町村役場（戸籍の附票の写しの場合は、本籍地の市区町村役場）	☐
⑤　相続人である配偶者及び甥・姪全員の戸籍全部（個人）事項証明書（戸籍謄抄本）	必　須	本籍地の市区町村役場	☐
⑥　申出人の氏名・住所を確認できる公的証明書（⑦と兼ねることができる。また、運転免許証や健康保険証でもよい。ただし、写しの場合は申出人の原本証明が必要。）	必　須	―	☐
⑦　相続人である配偶者及び甥・姪全員の住民票の写し（又は戸籍の附票の写し）	一覧図に相続人の住所を記載する場合	住所地の市区町村役場（戸籍の附票の写しの場合は、本籍地の市区町村役場）	☐
⑧　被相続人の亡子や亡孫の出生から死亡までの戸籍全部事項証明書（戸籍謄本）・除籍全部事項証明書（除籍謄本）	相続開始以前に死亡している子や孫がいる場合	本籍地の市区町村役場	☐

⑨	委任状	委任による代理人が申出手続をする場合	作　成	☐
⑩	士業団体所定の身分証明書の写し	戸籍法10条の2第3項に掲げる者（ただし、個人）が代理人となる場合	－	☐
⑪	士業法人の登記事項証明書	士業法人が代理人となる場合	法務局	☐

第3章 第1 法定相続情報一覧図　　115

Case21　列挙形式（配偶者のほか、同父母の兄弟姉妹及び異父母の兄弟姉妹の子である甥・姪がいる場合）

作成時のポイント

被相続人　春　野　太　郎　法定相続情報	
最後の住所	○県○市○町○番○号
最後の本籍	○県○市○町○番地
出生	昭和○年○月○日
死亡	令和○年○月○日
（被相続人）	春　野　太　郎

住所	○県○市○町○番○号
出生	昭和○年○月○日
（妻）	春　野　花　子（申出人）

住所	○県○市○町○番○号
出生	昭和○年○月○日
（父母の双方を同じくする弟）	春　野　松　男

住所	○県○市○町○番○号
出生	昭和○年○月○日
甥・代襲者 （父母の一方のみを同じくする妹の子）	夏　川　　学

住所	○県○市○町○番○号
出生	昭和○年○月○日
姪・代襲者 （父母の一方のみを同じくする妹の子）	夏　川　和　美

以下余白

作成日：令和○年○月○日
作成者：司法書士　○○○○　印
事務所：○県○市○町○番○号

1 一覧図の写しの利用目的が同父母・異父母の兄弟姉妹、又はその子であることを示す必要のないときまで当該事項を記載していないか

2 ①住民票の除票又は戸籍の附票記載のとおり正確な住所が記載されているか
②最後の住所が確認できない場合、又は任意で最後の本籍を併記する場合、戸籍記載のとおり正確な本籍地が記載されているか

3 ①申出人の表示があるか
②相続分の表示や遺産分割、相続放棄の表示、相続開始後に死亡した相続人の死亡年月日など、不要な表示がないか
③相続開始前に死亡した推定相続人や廃除された推定相続人が記載されていないか
④相続人の続柄の表示が被相続人との続柄となっているか

4 作成日の表示と作成者の記名押印（又は署名）、資格名の記載があるか

5 用紙の下部に余白があるか

ポイント解説

1 一覧図の作成について

1 列挙形式の一覧図

一覧図は、必ず図示することを求められているものではなく、相続人を列挙する形式で作成することも可能です。列挙形式を用いる場面に特に制限はありませんが、相続人が多数の場合や、相続人に嫡出でない子や父母の一方が異なる兄弟姉妹がいて、その利用目的においてこれらの情報を示す必要がない場合などに、その利用が想定されています。

ただし、利用目的においてこれらの情報を示す必要がある場合は、「嫡出子、嫡出でない子」や「父母の一方のみを同じくする兄弟姉妹、父母の双方を同じくする兄弟姉妹」と記載することも認められています。

2 列挙形式を利用する場合の注意点

兄弟姉妹やその子（甥・姪）が相続人のケースで、列挙形式で作成した一覧図に当該兄弟姉妹（被代襲者である場合を含みます。）が被相続人と父母の双方を同じくするのか父母の一方のみを同じくするのかについて情報の併記がない場合、一覧図からは法定相続分が分かりません。この場合、法定相続による権利の移転登記の申請等において、一覧図の写しに加えて法定相続分を疎明できる資料が別途必要となりますので、注意が必要です。

また、民法の一部を改正する法律（平成25年法律第94号）を踏まえ、平成25年9月4日以前に開始した相続について、兄弟姉妹の子（甥・姪）が、嫡出子か嫡出でない子か併記がない場合、一覧図の記載からは正確に法定相続分が分からないことがあります。この場合も上記同様、法定相続による権利の移転登記の申請等において、一覧図の写しに加えて法定相続分を疎明できる資料が別途必要となりますので、注意が必要です。

なお、列挙形式で作成された一覧図の写しは、相続税の申告書の添付書面として利用することができません（相税規16③一ロ）。これは、列挙形式の一覧図では、法定相続分が確認できないこともあるためとされています（国税庁ホームページ「平成30年度税制改正により相続税の申告書の添付書類の範囲が広がりました（平成30年4月1日以後に提出する申告書から適用）」）。

2 被相続人の表示 →Case17 2 参照

3 相続人の表示 →Case17 3 参照

第3章　第1　法定相続情報一覧図　　　　　117

4　作成者の表示と押印　　→Case17 4 参照

5　一覧図の印刷と余白　　→Case17 5 参照

（必要書類）

※内容が重複するもの又は他の者に係る証明書等で兼ねることができるものについては、
　重ねて取得する必要はありません。

書類名	必要な場合	取得先	☑
①　被相続人、被代襲者、亡父母の出生から死亡までの戸籍全部事項証明書（戸籍謄本）・除籍全部事項証明書（除籍謄本）	必　須	本籍地の市区町村役場	☐
②　被相続人の亡祖父母等の死亡事項の記載のある除籍全部事項証明書（除籍謄本）	①によって判明する祖父母等の生年月日から、当該祖父母等が生存している可能性がある場合	本籍地の市区町村役場	☐
③　①②の一部が滅失しているときは、「除籍等の謄本が交付できない」旨の証明書	①②の一部が滅失している場合	本籍地の市区町村役場	☐
④　被相続人の住民票の除票の写し（又は戸籍の附票の写し） ※廃棄されている場合は、一覧図には被相続人の最後の住所の記載に代えて最後の本籍を記載する。	必　須	最後の住所地の市区町村役場（戸籍の附票の写しの場合は、本籍地の市区町村役場）	☐
⑤　相続人である配偶者、兄弟姉妹及び甥・姪全員の戸籍全部（個人）事項証明書（戸籍謄抄本）	必　須	本籍地の市区町村役場	☐
⑥　申出人の氏名・住所を確認できる公的証明書 （⑦と兼ねることができる。また、運転免許証や健康保険証でもよい。ただし、写しの場合は申出人の原本証明が必要。）	必　須	―	☐

⑦　相続人である配偶者、兄弟姉妹及び甥・姪全員の住民票の写し（又は戸籍の附票の写し）	一覧図に相続人の住所を記載する場合	住所地の市区町村役場（戸籍の附票の写しの場合は、本籍地の市区町村役場）	☐
⑧　被相続人の亡子や亡孫の出生から死亡までの戸籍全部事項証明書（戸籍謄本）・除籍全部事項証明書（除籍謄本）	相続開始以前に死亡している子や孫がいる場合	本籍地の市区町村役場	☐
⑨　委任状	委任による代理人が申出手続をする場合	作　成	☐
⑩　士業団体所定の身分証明書の写し	戸籍法10条の2第3項に掲げる者（ただし、個人）が代理人となる場合	―	☐
⑪　士業法人の登記事項証明書	士業法人が代理人となる場合	法務局	☐

6　法定相続人が子のみの場合

Case22　子3人がいる場合

作成時のポイント

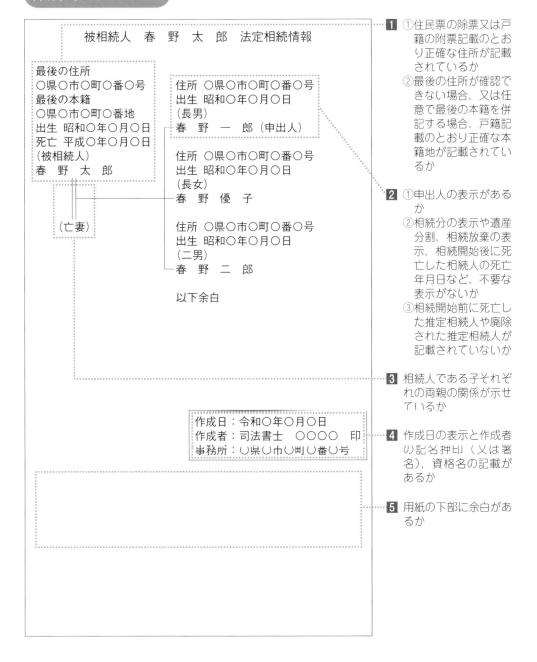

1. ①住民票の除票又は戸籍の附票記載のとおり正確な住所が記載されているか
②最後の住所が確認できない場合、又は任意で最後の本籍を併記する場合、戸籍記載のとおり正確な本籍地が記載されているか

2. ①申出人の表示があるか
②相続分の表示や遺産分割、相続放棄の表示、相続開始後に死亡した相続人の死亡年月日など、不要な表示がないか
③相続開始前に死亡した推定相続人や廃除された推定相続人が記載されていないか

3. 相続人である子それぞれの両親の関係が示せているか

4. 作成日の表示と作成者の記名押印（又は署名）、資格名の記載があるか

5. 用紙の下部に余白があるか

ポイント解説

1 被相続人の表示

1 被相続人の表示項目

被相続人の氏名、生年月日、最後の住所及び死亡の年月日を記載し、被相続人の氏名には「被相続人」と併記します（規則247①一、基本通達第2 3(3)イ）。また、申出人の任意により、最後の住所に並べて最後の本籍を記載することもできます。

2 住所の表示

最後の住所は、住民票の除票（又は戸籍の附票）により確認して記載します。

また、申出人の任意により、最後の住所に並べて最後の本籍を記載することもできますが、住民票の除票等が市区町村において廃棄されている場合は、被相続人の最後の住所の記載に代えて最後の本籍を必ず記載しなければなりません（基本通達第2 3(3)コ）。

3 戸籍記載の氏名が誤字・俗字の場合

戸籍に記載されている被相続人や相続人の氏名が誤字・俗字である場合、一覧図に記載する氏名は、戸籍に記載のある文字と正字に引き直された文字のいずれでも差し支えないとされています。

2 相続人の表示

1 申出人の表示

一覧図の保管及び交付の申出ができるのは、相続人又は当該相続人の地位を相続により承継した者に限定されています。一覧図には申出人が記名することとされていますが、申出人が相続人として記載されている場合は、一覧図への申出人の記名は、当該相続人の氏名に「申出人」と併記することでも差し支えないとされています（規則247③一、基本通達第2 3(3)エ）。

2 相続人の表示項目

相続人の氏名、生年月日及び被相続人との続柄を記載します（規則247①二）。また、申出人の任意により、相続人の住所を記載することもできます。記載する場合は、住民票（又は戸籍の附票）等にあるとおり記載し、住民票等の提出が必要になります（規則247④）。

3 続柄の表示

(1) 続柄の表示方法

続柄の表示については、戸籍に記載される続柄を記載します。

したがって、被相続人の配偶者であれば「夫」や「妻」、子であれば「長男」、「長女」、「養子」などとします。

ただし、申出人の任意により、被相続人の配偶者が相続人である場合にその続柄を「配偶者」としたり、同じく子である場合に「子」とすることでも差し支えないとされています（基本通達第2 3(3)ウ）。

(2) 特別養子の表示方法

特別養子の場合は、戸籍に記載される続柄は「長男」、「長女」等となります（戸籍法施行規則付録第24号様式）。したがって、特別養子についても、原則どおり戸籍に記載される続柄を記載することになります。ただし、申出人の任意により「子」とすることも差し支えないとされています（基本通達第2 3(3)ウ）。

(3) 相続人たる子の表示方法

相続人たる子について、「実子」と記載することは認められていません。相続手続によっては、実子ではないが実子とみなされる者（特別養子）がいる場合があるところ、一般的に「実子」と記載した場合にこれが実子とみなされる者までを含む表現であるかどうかについては、必ずしも定着した取扱いがないと考えられています。そのため、「実子」と記載した場合には、戸籍に記載される続柄又は「子」に訂正を求められることになります。

4 戸籍記載の氏名が誤字・俗字の場合

1 3参照

5 一覧図に記載する相続人

一覧図に記載する相続人は、相続開始の時における同順位の相続人とされています。そのため、たとえ被相続人の配偶者や子であった者でも相続開始の時において相続人でない者は記載することはできず、これを記載したときは訂正（削除）を求められます。なお、当該子に代襲者がいる場合は、当該子について、「被代襲者（年月日死亡）」などと記載した上で、代襲者を記載します。この場合、廃除による代襲を除き死亡による代襲の場合は、被代襲者の氏名を具体的に記載しても差し支えありません。

6 相続開始後に死亡した相続人の表示

一覧図は、戸除籍謄抄本の記載から判明する被相続人の死亡時点の相続関係を表すものであるため、相続開始後に死亡した相続人があったとしても、その者は相続人として記載します。ただし、あくまでも被相続人の死亡時点の相続関係を表すものであるため、相続開始後に死亡した相続人の死亡年月日は記載されません。一覧図に当該年月日を記載した場合は、訂正（削除）を求められます。

7 同時死亡の場合

民法32条の2では、「数人の者が死亡した場合において、そのうちの一人が他の者の死亡後になお生存していたことが明らかでないときは、これらの者は、同時に死亡したものと推定する。」とされており、この場合、死亡者相互間では相続は生じないこととされています。したがって、同時に死亡した者相互間では、他の者が相続開始前に死亡した場合と同様、当該他の者は一覧図には記載しません。

ただし、親子が同時死亡した場合に孫などの直系卑属がいる場合は、当該直系卑属は代襲相続人になります（民887②）。これは、昭和37年の民法の一部改正で、「被相続人の子が、相続の『開始前』に死亡したとき……」という文言が『開始以前』と改められ、この中に同時死亡の場合も含むとされたためです。したがって、このような場合は、当該子について、「被代襲者（年月日死亡）」などと記載した上で、当該孫を代襲者として記載します。なお、死亡による代襲の場合は、被代襲者の氏名を具体的に記載しても差し支えありません。

8 相続放棄・遺産分割の表示

一覧図は、あくまでも戸除籍謄抄本の記載から判明する相続関係を表すものであるため、戸除籍謄抄本の記載からは判明しない相続欠格や相続放棄の有無又は遺産分割協議の結果などは記載しません。これらを併記した場合は、たとえこれらの事由を証する書面を添付しても、訂正（削除）を求められます。

9 廃除された推定相続人の表示

一覧図は、戸除籍謄抄本の記載から判明する相続関係を表すものです。推定相続人の廃除の裁判が確定したときは、その旨が戸籍に記載されることになります。そのため、廃除された推定相続人は記載しません（基本通達第2 3(3)キ）。

なお、廃除された推定相続人に代襲者がいる場合、代襲者を記載する過程で廃除された推定相続人を「被代襲者」として表記することになりますが、その場合でも廃除された推定相続人の氏名は記載しません。

10 法定相続分の表示

一覧図において相続分の表示は認められていません。相続人について、法定相続分を併記した場合には、訂正（削除）を求められます。

3 「嫡出子」「嫡出でない子」等の表示

民法の一部を改正する法律（平成25年法律第94号）を踏まえ、平成25年9月4日以前に開始した相続について、相続人たる被相続人の子が複数いる場合で、嫡出子と嫡出でない子を示す必要があるときは、嫡出子については、その両親の関係を表す線を二

本線（二重線）とし、嫡出でない子については、その両親の関係を表す線は一本線とします（法務局ホームページ「主な法定相続情報一覧図の様式及び記載例」）。

なお、嫡出子と嫡出でない子を示す必要がない場合は、それぞれの両親の関係を表示する必要がありませんので、下記の記載例のとおりとしても差し支えありません。

＜本Caseにおいて嫡出子か嫡出でない子かを示す必要がない場合の記載例＞

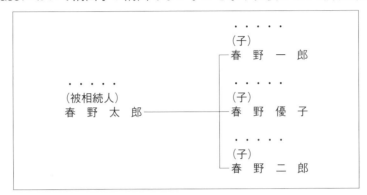

4 作成者の表示と押印

一覧図には、作成の年月日を記載し、作成した申出人又はその代理人は、住所を記載し、記名押印（又は署名）します。代理人が戸籍法10条の2第3項に掲げる者である場合は、住所については事務所所在地とし、併せてその資格の名称も記載します（規則247③一、基本通達第2 3(3)オ）。

5 一覧図の印刷と余白

一覧図は、A4縦の丈夫な用紙を使用します（基本通達第2 3(3)ケ）。なお、下から約5cmの範囲に認証文が付されますので、可能な限り下から約5cmの範囲には記載をしません（法務局ホームページ「主な法定相続情報一覧図の様式及び記載例」）。

必要書類

※内容が重複するもの又は他の者に係る証明書等で兼ねることができるものについては、重ねて取得する必要はありません。

書類名	必要な場合	取得先	☑
① 被相続人の出生から死亡までの戸籍全部事項証明書（戸籍謄本）・除籍全部事項証明書（除籍謄本）	必 須	本籍地の市区町村役場	☐

② ①の一部が滅失しているときは、「除籍等の謄本が交付できない」旨の証明書	①の一部が滅失している場合	本籍地の市区町村役場	☐
③ 被相続人の住民票の除票の写し（又は戸籍の附票の写し） ※廃棄されている場合は、一覧図には被相続人の最後の住所の記載に代えて最後の本籍を記載する。	必　須	最後の住所地の市区町村役場（戸籍の附票の写しの場合は、本籍地の市区町村役場）	☐
④ 相続人である子全員の戸籍全部（個人）事項証明書（戸籍謄抄本）	必　須	本籍地の市区町村役場	☐
⑤ 申出人の氏名・住所を確認できる公的証明書 （⑥と兼ねることができる。また、運転免許証や健康保険証でもよい。ただし、写しの場合は申出人の原本証明が必要。）	必　須	－	☐
⑥ 相続人である子全員の住民票の写し（又は戸籍の附票の写し）	一覧図に相続人の住所を記載する場合	住所地の市区町村役場（戸籍の附票の写しの場合は、本籍地の市区町村役場）	☐
⑦ 委任状	委任による代理人が申出手続をする場合	作　成	☐
⑧ 士業団体所定の身分証明書の写し	戸籍法10条の2第3項に掲げる者（ただし、個人）が代理人となる場合	－	☐
⑨ 士業法人の登記事項証明書	士業法人が代理人となる場合	法務局	☐

Case23 嫡出でない子がいる場合（平成25年9月4日以前に開始した相続の場合）

作成時のポイント

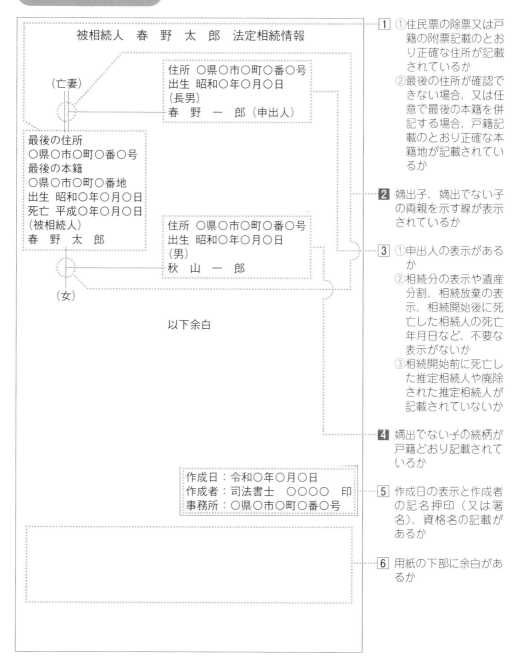

ポイント解説

1 被相続人の表示　　→Case22 **1** 参照

2 嫡出子、嫡出でない子の両親の表示

　民法の一部を改正する法律（平成25年法律第94号）を踏まえ、平成25年9月4日以前に開始した相続について、相続人たる被相続人の子が複数いる場合で、嫡出子と嫡出でない子を示す必要があるときは、嫡出子については、その両親の関係を表す線を二本線（二重線）とし、嫡出でない子については、その両親の関係を表す線は一本線とします（法務局ホームページ「主な法定相続情報一覧図の様式及び記載例」）。

　また、相続人たる嫡出でない子の父又は母については、氏名等は記載せず、例えば、「男」「女」のように性別のみとします。

　なお、嫡出子と嫡出でない子を示す必要がない場合は、それぞれの両親の関係を表示する必要がありませんので、下記の記載例のとおりとしても差し支えありません。

＜本Caseにおいて嫡出子か嫡出でない子かを示す必要がない場合の記載例＞

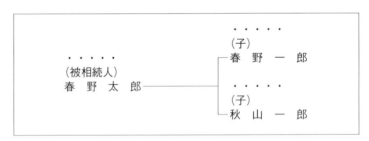

3 相続人の表示　　→Case22 **2** 参照

4 嫡出でない子の続柄の表示

　相続人に嫡出でない子がおり、戸籍においては当該子の父母との続柄が「男」や「女」となっている場合、被相続人との続柄の表記については、原則として、戸籍の記載に基づき「男」や「女」と記載しますが、申出人の任意により「子」とすることも差し支えないとされています。ただし、「長男」や「二女」と記載した場合は、訂正を求められることになります。

　なお、平成16年11月1日から、戸籍における嫡出でない子の父母との続柄欄の記載が、「男」や「女」でなく、「長男（長女）」、「二男（二女）」等と記載されることとなりました。

また、既に戸籍に記載されている嫡出でない子について、その父母との続柄欄の「男」又は「女」の記載を、「長男（二男）」、「長女（二女）」等に更正する申出をした場合は、続柄欄の記載が更正されることとなりました（平16・11・1民一3008）。

　そのため、このような戸籍を添付する場合は、嫡出でない子であっても、「長男（二男）」、「長女（二女）」等と記載します。

⑤　作成者の表示と押印　　→Case22 **4** 参照

⑥　一覧図の印刷と余白　　→Case22 **5** 参照

必要書類

※内容が重複するもの又は他の者に係る証明書等で兼ねることができるものについては、重ねて取得する必要はありません。

書類名	必要な場合	取得先	☑
①　被相続人の出生から死亡までの戸籍全部事項証明書（戸籍謄本）・除籍全部事項証明書（除籍謄本）	必　須	本籍地の市区町村役場	☐
②　①の一部が滅失しているときは、「除籍等の謄本が交付できない」旨の証明書	①の一部が滅失している場合	本籍地の市区町村役場	☐
③　被相続人の住民票の除票の写し（又は戸籍の附票の写し） ※廃棄されている場合は、　覧図には被相続人の最後の住所の記載に代えて最後の本籍を記載する。	必　須	最後の住所地の市区町村役場（戸籍の附票の写しの場合は、本籍地の市区町村役場）	☐
④　相続人である子全員の戸籍全部（個人）事項証明書（戸籍謄抄本）	必　須	本籍地の市区町村役場	☐
⑤　申出人の氏名・住所を確認できる公的証明書 　（⑥と兼ねることができる。また、運転免	必　須	―	☐

	許証や健康保険証でもよい。ただし、写しの場合は申出人の原本証明が必要。)		
⑥ 相続人である子全員の住民票の写し（又は戸籍の附票の写し）	一覧図に相続人の住所を記載する場合	住所地の市区町村役場（戸籍の附票の写しの場合は、本籍地の市区町村役場）	□
⑦ 委任状	委任による代理人が申出手続をする場合	作　成	□
⑧ 士業団体所定の身分証明書の写し	戸籍法10条の2第3項に掲げる者（ただし、個人）が代理人となる場合	－	□
⑨ 士業法人の登記事項証明書	士業法人が代理人となる場合	法務局	□

Case24 養子がいる場合

作成時のポイント

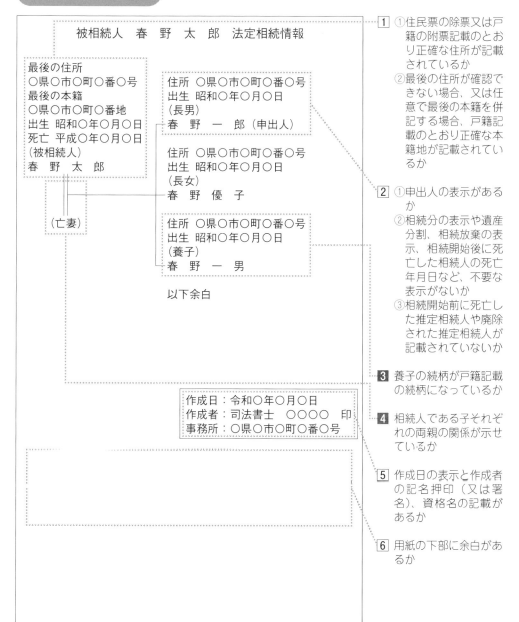

ポイント解説

1 　被相続人の表示　　→Case22 1 参照

2 　相続人の表示　　 ‣Case22 2 参照

3 　**養子がいる場合**

　1 　養子の続柄の表示

　　(1) 　普通養子の表示方法

　続柄の表示については、戸籍に記載される続柄を記載します。したがって、相続人が養子であれば「養子」とします。

　ただし、申出人の任意により、「子」とすることでも差し支えないとされています（基本通達第2 　3(3)ウ）。

　　(2) 　特別養子の表示方法

　特別養子の場合は、戸籍に記載される続柄は「長男」、「長女」等となります（戸籍法施行規則付録第24号様式）。したがって、特別養子についても、原則どおり戸籍に記載される続柄を記載することになります。ただし、申出人の任意により「子」とすることも差し支えないとされています（基本通達第2 　3(3)ウ）。

　　(3) 　相続人たる子の表示方法

　相続人たる子について、「実子」と記載することは認められていません。相続手続によっては、実子ではないが実子とみなされる者（特別養子）がいる場合があるところ、一般的に「実子」と記載した場合にこれが実子とみなされる者までを含む表現であるかどうかについては、必ずしも定着した取扱いがないと考えられています。そのため、「実子」と記載した場合には、戸籍に記載される続柄又は「子」に訂正を求められることになります。

　2 　相続税の申告書の添付書類として利用する場合

　相続税の申告書の添付書類として利用する際の一覧図は、列挙形式のものは認められておらず、必ず図形式の一覧図でなければなりません。

　また、被相続人の子が実子又は養子のいずれであるかの別が記載されたものが必要とされ、かつ、被相続人に養子がある場合には、一覧図の写しに加えて当該養子の戸籍の謄本又は抄本（コピー機で複写したものでも可）を添付しなければなりません（相税規16③）。

4 「嫡出子」「嫡出でない子」等の表示

　民法の一部を改正する法律（平成25年法律第94号）を踏まえ、平成25年9月4日以前に開始した相続について、相続人たる被相続人の子が複数いる場合で、嫡出子と嫡出でない子を示す必要があるときは、嫡出子については、その両親の関係を表す線を二本線（二重線）とし、嫡出でない子については、その両親の関係を表す線は一本線とします（法務局ホームページ「主な法定相続情報一覧図の様式及び記載例」）。

　なお、嫡出子と嫡出でない子を示す必要がない場合は、それぞれの両親の関係を表示する必要がありませんので、下記の記載例のとおりとしても差し支えありません。

＜本Caseにおいて嫡出子か嫡出でない子かを示す必要がない場合の記載例＞

5 作成者の表示と押印　　→Case22 4 参照

6 一覧図の印刷と余白　　→Case22 5 参照

必要書類

※内容が重複するもの又は他の者に係る証明書等で兼ねることができるものについては、重ねて取得する必要はありません。

書類名	必要な場合	取得先	☑
① 被相続人の出生から死亡までの戸籍全部事項証明書（戸籍謄本）・除籍全部事項証明書（除籍謄本）	必　須	本籍地の市区町村役場	☐
② ①の一部が滅失しているときは、「除籍等の謄本が交付できない」旨の証明書	①の一部が滅失している場合	本籍地の市区町村役場	☐

③ 被相続人の住民票の除票の写し（又は戸籍の附票の写し） ※廃棄されている場合は、一覧図には被相続人の最後の住所の記載に代えて最後の本籍を記載する。	必　須	最後の住所地の市区町村役場（戸籍の附票の写しの場合は、本籍地の市区町村役場）	□
④ 相続人である養子を含む子全員の戸籍全部（個人）事項証明書（戸籍謄抄本）	必　須	本籍地の市区町村役場	□
⑤ 申出人の氏名・住所を確認できる公的証明書 （⑥と兼ねることができる。また、運転免許証や健康保険証でもよい。ただし、写しの場合は申出人の原本証明が必要。）	必　須	―	□
⑥ 相続人である養子を含む子全員の住民票の写し（又は戸籍の附票の写し）	一覧図に相続人の住所を記載する場合	住所地の市区町村役場（戸籍の附票の写しの場合は、本籍地の市区町村役場）	□
⑦ 委任状	委任による代理人が申出手続をする場合	作　成	□
⑧ 士業団体所定の身分証明書の写し	戸籍法10条の2第3項に掲げる者（ただし、個人）が代理人となる場合	―	□
⑨ 士業法人の登記事項証明書	士業法人が代理人となる場合	法務局	□

Case25 子が多数であり、法定相続情報一覧図が複数枚にわたる場合

作成時のポイント

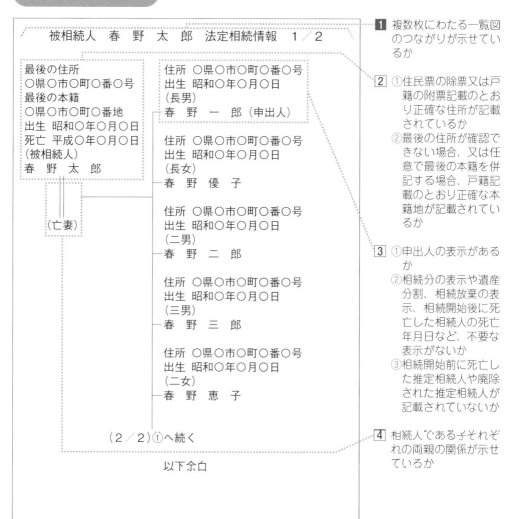

1 複数枚にわたる一覧図のつながりが示せているか

2 ①住民票の除票又は戸籍の附票記載のとおり正確な住所が記載されているか
②最後の住所が確認できない場合、又は任意で最後の本籍を併記する場合、戸籍記載のとおり正確な本籍地が記載されているか

3 ①申出人の表示があるか
②相続分の表示や遺産分割、相続放棄の表示、相続開始後に死亡した相続人の死亡年月日など、不要な表示がないか
③相続開始前に死亡した推定相続人や廃除された推定相続人が記載されていないか

4 相続人である子それぞれの両親の関係が示せているか

被相続人　春　野　太　郎　法定相続情報　2／2

①

　住所　○県○市○町○番○号
　出生　昭和○年○月○日
　（四男）
─春　野　四　郎

　住所　○県○市○町○番○号
　出生　昭和○年○月○日
　（三女）
─春　野　明　子

　住所　○県○市○町○番○号
　出生　昭和○年○月○日
　（五男）
─春　野　五　郎

以下余白

作成日：令和○年○月○日
作成者：司法書士　　○○○○　　印
事務所：○県○市○町○番○号

⑤ 作成日の表示と作成者
の記名押印（又は署
名）、資格名の記載が
あるか

⑥ 用紙の下部に余白があ
るか

第3章　第1　法定相続情報一覧図　　135

ポイント解説

1　一覧図の作成について

1　一覧図が複数枚にわたる場合の一覧図の作成

　一覧図は、A4縦の丈夫な用紙を使用するとされている（基本通達第2　3(3)ケ）ので、相続人が多数でA4縦の用紙1枚に記載できないときなどは、A4縦の用紙を複数枚使用して作成することになります。

2　表題の記載

　一覧図が複数枚にわたる場合には、最初のページの表題に「被相続人○○○○法定相続情報1／2」のように記載し、2ページ目には、前のページを受けて表題に「被相続人○○○○法定相続情報2／2」のように記載します。

3　親族関係の表示

　一覧図が複数枚にわたる場合に、親族関係のつながりを表示するには、最初のページの該当部分に「(2／2)①へ続く」、次ページには連続性が分かるように、該当する個所に「①」などと記載してから関係性を示す線を結ぶようにします。

2　被相続人の表示　　→Case22 **1** 参照

3　相続人の表示　　→Case22 **2** 参照

4　「嫡出子」「嫡出でない子」等の表示　　→Case22 **3** 参照

5　作成者の表示と押印　　→Case22 **4** 参照

6　一覧図の印刷と余白　　→Case22 **5** 参照

必要書類

※内容が重複するもの又は他の者に係る証明書等で兼ねることができるものについては、重ねて取得する必要はありません。

書類名	必要な場合	取得先	☑
①　被相続人の出生から死亡までの戸籍全部事項証明書（戸籍謄本）・除籍全部事項証明書（除籍謄本）	必　須	本籍地の市区町村役場	☐

② ①の一部が滅失しているときは、「除籍等の謄本が交付できない」旨の証明書	①の一部が滅失している場合	本籍地の市区町村役場	☐
③ 被相続人の住民票の除票の写し（又は戸籍の附票の写し） ※廃棄されている場合は、一覧図には被相続人の最後の住所の記載に代えて最後の本籍を記載する。	必　須	最後の住所地の市区町村役場（戸籍の附票の写しの場合は、本籍地の市区町村役場）	☐
④ 相続人である子全員の戸籍全部（個人）事項証明書（戸籍謄抄本）	必　須	本籍地の市区町村役場	☐
⑤ 申出人の氏名・住所を確認できる公的証明書 （⑥と兼ねることができる。また、運転免許証や健康保険証でもよい。ただし、写しの場合は申出人の原本証明が必要。）	必　須	―	☐
⑥ 相続人である子全員の住民票の写し（又は戸籍の附票の写し）	一覧図に相続人の住所を記載する場合	住所地の市区町村役場（戸籍の附票の写しの場合は、本籍地の市区町村役場）	☐
⑦ 委任状	委任による代理人が申出手続をする場合	作　成	☐
⑧ 士業団体所定の身分証明書の写し	戸籍法10条の2第3項に掲げる者（ただし、個人）が代理人となる場合	―	☐
⑨ 士業法人の登記事項証明書	士業法人が代理人となる場合	法務局	☐

第3章 第1 法定相続情報一覧図　　137

Case26　列挙形式（子が複数の場合）

作成時のポイント

被相続人　春　野　太　郎　法定相続情報

最後の住所	○県○市○町○番○号
最後の本籍	○県○市○町○番地
出生	昭和○年○月○日
死亡	平成○年○月○日
（被相続人）	春　野　太　郎

住所	○県○市○町○番○号
出生	昭和○年○月○日
（長男）	春　野　一　郎

住所	○県○市○町○番○号
出生	昭和○年○月○日
（長女）	春　野　優　子

住所	○県○市○町○番○号
出生	昭和○年○月○日
（二男）	春　野　二　郎（申出人）

以下余白

作成日：令和○年○月○日
作成者：司法書士　○○○○　印
事務所：○県○市○町○番○号

1 一覧図の写しの利用目的が列挙形式に適しているか

2 ①住民票の除票又は戸籍の附票記載のとおり正確な住所が記載されているか
②最後の住所が確認できない場合、又は任意で最後の本籍を併記する場合、戸籍記載のとおり正確な本籍地が記載されているか

3 ①申出人の表示があるか
②相続分の表示や遺産分割、相続放棄の表示、相続開始後に死亡した相続人の死亡年月日など、不要な表示がないか
③相続開始前に死亡した推定相続人や廃除された推定相続人が記載されていないか

4 作成日の表示と作成者の記名押印（又は署名）、資格名の記載があるか

5 用紙の下部に余白があるか

ポイント解説

1　一覧図の作成について

1　列挙形式の一覧図

　一覧図は、必ず図示することを求められているものではなく、相続人を列挙する形式で作成することも可能です。列挙形式を用いる場面に特に制限はありませんが、相続人が多数の場合や、相続人に嫡出でない子や父母の一方が異なる兄弟姉妹がいて、その利用目的においてこれらの情報を示す必要がない場合などに、その利用が想定されています。

　ただし、利用目的においてこれらの情報を示す必要がある場合は、「嫡出子、嫡出でない子」や「父母の一方のみを同じくする兄弟姉妹、父母の双方を同じくする兄弟姉妹」と記載することも認められています。

2　列挙形式を利用する場合の注意点

　民法の一部を改正する法律（平成25年法律第94号）を踏まえ、平成25年9月4日以前に開始した相続について、相続人である子が、嫡出子か嫡出でない子かについて併記がない場合、一覧図の記載からは正確に法定相続分が分からないことがあります。この場合、法定相続による権利の移転登記の申請等において、一覧図の写しに加えて法定相続分を疎明できる資料が別途必要となりますので、注意が必要です。

　また、兄弟姉妹が相続人のケースで、列挙形式で作成した一覧図に父母の双方を同じくするのか父母の一方のみを同じくするのかについて情報の併記がない場合、一覧図からは法定相続分が分かりません。この場合も上記同様、法定相続による権利の移転登記の申請等において、一覧図の写しに加えて法定相続分を疎明できる資料が別途必要となりますので、注意が必要です。

　なお、列挙形式で作成された一覧図の写しは、相続税の申告書の添付書面として利用することができません（相税規16③一ロ）。これは、列挙形式の一覧図では、法定相続分が確認できないこともあるためとされています（国税庁ホームページ「平成30年度税制改正により相続税の申告書の添付書類の範囲が広がりました（平成30年4月1日以後に提出する申告書から適用）」）。

第3章　第1　法定相続情報一覧図　　139

＜本Caseにおいて嫡出子か嫡出でない子かを示す必要がある場合の記載例＞

住所	○県○市○町○番○号
出生	昭和○年○月○日
長男（嫡出子）	春　野　一　郎

住所	○県○市○町○番○号
出生	昭和○年○月○日
長女（嫡出子）	春　野　優　子

住所	○県○市○町○番○号
出生	昭和○年○月○日
男※（嫡出でない子）	春　野　二　郎

※戸籍に「長男（長女）」と記載されているときは、「長男（長女）」
　とします（→Case23**4**参照）。

2　被相続人の表示　　→Case22 **1** 参照

3　相続人の表示　　→Case22 **2** 参照

4　作成者の表示と押印　　→Case22 **4** 参照

5　一覧図の印刷と余白　　→Case22 **5** 参照

必要書類

※内容が重複するもの又は他の者に係る証明書等で兼ねることができるものについては、
　重ねて取得する必要はありません。

書類名	必要な場合	取得先	☑
①　被相続人の出生から死亡までの戸籍全部事項証明書（戸籍謄本）・除籍全部事項証明書（除籍謄本）	必　須	本籍地の市区町村役場	☐

② ①の一部が減失しているときは、「除籍等の謄本が交付できない」旨の証明書	①の一部が減失している場合	本籍地の市区町村役場	☐
③ 被相続人の住民票の除票の写し（又は戸籍の附票の写し） ※廃棄されている場合は、一覧図には被相続人の最後の住所の記載に代えて最後の本籍を記載する。	必　須	最後の住所地の市区町村役場（戸籍の附票の写しの場合は、本籍地の市区町村役場）	☐
④ 相続人である子全員の戸籍全部（個人）事項証明書（戸籍謄抄本）	必　須	本籍地の市区町村役場	☐
⑤ 申出人の氏名・住所を確認できる公的証明書 （⑥と兼ねることができる。また、運転免許証や健康保険証でもよい。ただし、写しの場合は申出人の原本証明が必要。）	必　須	―	☐
⑥ 相続人である子全員の住民票の写し（又は戸籍の附票の写し）	一覧図に相続人の住所を記載する場合	住所地の市区町村役場（戸籍の附票の写しの場合は、本籍地の市区町村役場）	☐
⑦ 委任状	委任による代理人が申出手続をする場合	作　成	☐
⑧ 士業団体所定の身分証明書の写し	戸籍法10条の2第3項に掲げる者（ただし、個人）が代理人となる場合	―	☐
⑨ 士業法人の登記事項証明書	士業法人が代理人となる場合	法務局	☐

7　法定相続人が親のみの場合

Case27　親1人（父又は母）がいる場合

作成時のポイント

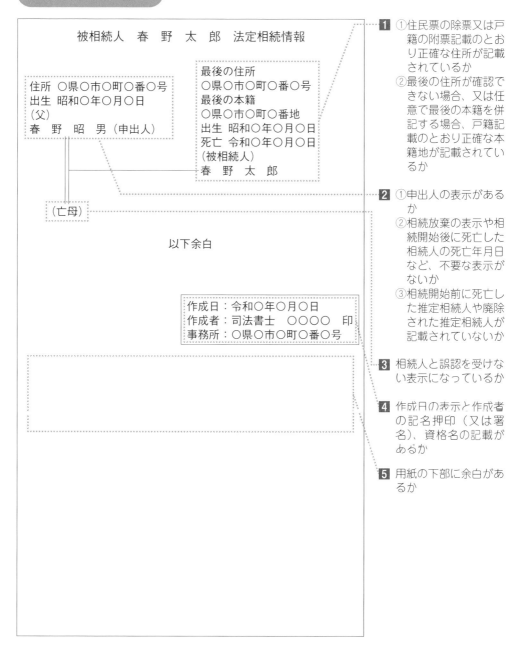

ポイント解説

⑴ 被相続人の表示

1　被相続人の表示項目

被相続人の氏名、生年月日、最後の住所及び死亡の年月日を記載し、被相続人の氏名には「被相続人」と併記します（規則247①一、基本通達第2　3(3)イ）。また、申出人の任意により、最後の住所に並べて最後の本籍を記載することもできます。

2　住所の表示

最後の住所は、住民票の除票（又は戸籍の附票）により確認して記載します。

また、申出人の任意により、最後の住所に並べて最後の本籍を記載することもできますが、住民票の除票等が市区町村において廃棄されている場合は、被相続人の最後の住所の記載に代えて最後の本籍を必ず記載しなければなりません（基本通達第2　3(3)コ）。

3　戸籍記載の氏名が誤字・俗字の場合

戸籍に記載されている被相続人や相続人の氏名が誤字・俗字である場合、一覧図に記載する氏名は、戸籍に記載のある文字と正字に引き直された文字のいずれでも差し支えないとされています。

⑵ 相続人の表示

1　申出人の表示

一覧図の保管及び交付の申出ができるのは、相続人又は当該相続人の地位を相続により承継した者に限定されています。一覧図には申出人が記名することとされていますが、申出人が相続人として記載されている場合は、一覧図への申出人の記名は、当該相続人の氏名に「申出人」と併記することでも差し支えないとされています（規則247③一、基本通達第2　3(3)エ）。

2　相続人の表示項目

相続人の氏名、生年月日及び被相続人との続柄を記載します（規則247①二）。また、申出人の任意により、相続人の住所を記載することもできます。記載する場合は、住民票（又は戸籍の附票）等にあるとおり記載し、住民票等の提出が必要になります（規則247④）。

3　続柄の表示

続柄の表示については、戸籍に記載される続柄を記載します。

したがって、被相続人の配偶者であれば「夫」や「妻」、子であれば「長男」、「長女」、「養子」、父母であれば「父（母）」、「養父（養母）」などとします。ただし、続柄の記載は、あくまで被相続人との続柄である必要があることから、戸籍に記載される続柄

では表記することができない場合、例えば被相続人の祖父母が相続人である場合は「祖父」、「祖母」とします。

なお、申出人の任意により、被相続人の配偶者が相続人である場合にその続柄を「配偶者」としたり、同じく子である場合に「子」とすることでも差し支えないとされています（基本通達第2　3(3)ウ）。

4　戸籍記載の氏名が誤字・俗字の場合

1 3参照

5　一覧図に記載する相続人

一覧図に記載する相続人は、相続開始の時における同順位の相続人とされています。そのため、たとえ被相続人の配偶者や子又は父母であった者でも相続開始の時において相続人でない者は記載することはできず、これを記載したときは訂正（削除）を求められます。

6　同時死亡の場合

民法32条の2では、「数人の者が死亡した場合において、そのうちの一人が他の者の死亡後になお生存していたことが明らかでないときは、これらの者は、同時に死亡したものと推定する。」とされており、この場合、死亡者相互間では相続は生じないこととされています。したがって、同時に死亡した者相互間では、他の者が相続開始前に死亡した場合と同様、当該他の者は一覧図には記載しません。

7　相続開始後に死亡した相続人の表示

一覧図は、戸除籍謄抄本の記載から判明する被相続人の死亡時点の相続関係を表すものであるため、相続開始後に死亡した相続人があったとしても、その者は相続人として記載します。ただし、あくまでも被相続人の死亡時点の相続関係を表すものであるため、相続開始後に死亡した相続人の死亡年月日は記載されません。一覧図に当該年月日を記載した場合は、訂正（削除）を求められます。

8　相続放棄・遺産分割の表示

一覧図は、あくまでも戸除籍謄抄本の記載から判明する相続関係を表すものであるため、戸除籍謄抄本の記載からは判明しない相続欠格や相続放棄の有無又は遺産分割協議の結果などは記載しません。これらを併記した場合は、たとえこれらの事由を証する書面を添付しても、訂正（削除）を求められます。

9　廃除された推定相続人の表示

一覧図は、戸除籍謄抄本の記載から判明する相続関係を表すものです。推定相続人の廃除の裁判が確定したときは、その旨が戸籍に記載されることになります。そのため、廃除された推定相続人は記載しません（基本通達第2　3(3)キ）。

10　法定相続分の表示

一覧図において相続分の表示は認められていません。相続人について、法定相続分

を併記した場合には、訂正（削除）を求められます。

3 相続開始前に死亡した父又は母の表示

相続人が父又は母の一人である場合、被相続人の両親の関係を示すために、相続開始前に死亡した父又は母について「亡父（亡母）」などと記載することは認められています。ただし、当該亡父（亡母）の氏名等を記載するなどその記載によって相続人のうちの一人と誤認を受ける可能性がある場合は、訂正（削除）を求められます。

なお、本Caseの場合、被相続人の両親の関係を示すことなく、下記の記載例のとおりとしても差し支えありません。

<本Caseにおいて両親の関係を示さない場合の記載例>

```
 ・・・・・              ・・・・・
 （父）                （被相続人）
 春 野 昭 男 ─────── 春 野 太 郎
```

4 作成者の表示と押印

一覧図には、作成の年月日を記載し、作成した申出人又はその代理人は、住所を記載し、記名押印（又は署名）します。代理人が戸籍法10条の2第3項に掲げる者である場合は、住所については事務所所在地とし、併せてその資格の名称も記載します（規則247③一、基本通達第2 3(3)オ）。

5 一覧図の印刷と余白

一覧図は、A4縦の丈夫な用紙を使用します（基本通達第2 3(3)ケ）。なお、下から約5cmの範囲に認証文が付されますので、可能な限り下から約5cmの範囲には記載をしません（法務局ホームページ「主な法定相続情報一覧図の様式及び記載例」）。

必要書類

※内容が重複するもの又は他の者に係る証明書等で兼ねることができるものについては、重ねて取得する必要はありません。

書類名	必要な場合	取得先	☑
① 被相続人の出生から死亡までの戸籍全部事項証明書（戸籍謄本）・除籍全部事項証明	必 須	本籍地の市区町村役場	☐

書（除籍謄本）			
② ①の一部が滅失しているときは、「除籍等の謄本が交付できない」旨の証明書	①の一部が滅失している場合	本籍地の市区町村役場	☐
③ 被相続人の住民票の除票の写し（又は戸籍の附票の写し） ※廃棄されている場合は、一覧図には被相続人の最後の住所の記載に代えて最後の本籍を記載する。	必　須	最後の住所地の市区町村役場（戸籍の附票の写しの場合は、本籍地の市区町村役場）	☐
④ 相続人である父又は母の戸籍全部（個人）事項証明書（戸籍謄抄本）（相続人とならない父又は母が相続開始前に死亡していることが分かるもの）	必　須	本籍地の市区町村役場	☐
⑤ 申出人の氏名・住所を確認できる公的証明書 （⑥と兼ねることができる。また、運転免許証や健康保険証でもよい。ただし、写しの場合は申出人の原本証明が必要。）	必　須	―	☐
⑥ 相続人である父又は母の住民票の写し（又は戸籍の附票の写し）	一覧図に相続人の住所を記載する場合	住所地の市区町村役場（戸籍の附票の写しの場合は、本籍地の市区町村役場）	☐
⑦ 被相続人の亡子の出生から死亡までの戸籍全部事項証明書（戸籍謄本）・除籍全部事項証明書（除籍謄本）	相続開始以前に死亡している子がいる場合	本籍地の市区町村役場	☐
⑧ 委任状	委任による代理人が申出手続をする場合	作　成	☐
⑨ 士業団体所定の身分証明書の写し	戸籍法10条の2第3項に掲げる者（ただし、個人）が代理人となる場合	―	☐
⑩ 士業法人の登記事項証明書	士業法人が代理人となる場合	法務局	☐

Case28　親2人（父及び母）がいる場合

作成時のポイント

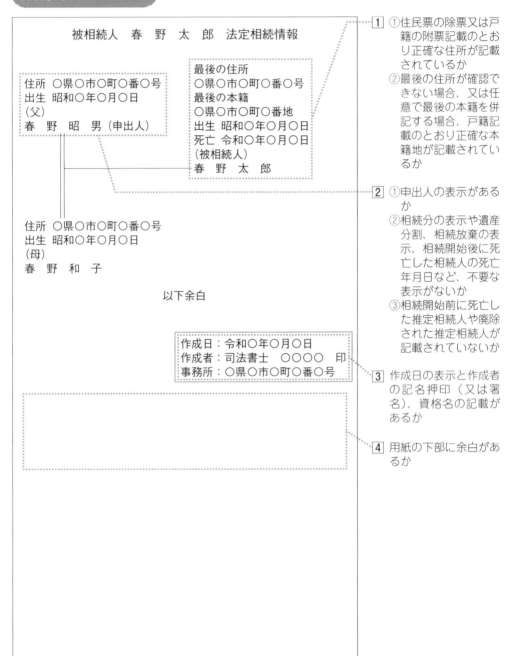

第3章 第1 法定相続情報一覧図　　147

ポイント解説

1 被相続人の表示　　→Case27 1 参照

2 相続人の表示　　→Case27 2 参照

3 作成者の表示と押印　　→Case27 4 参照

4 一覧図の印刷と余白　　→Case27 5 参照

必要書類

※内容が重複するもの又は他の者に係る証明書等で兼ねることができるものについては、重ねて取得する必要はありません。

書類名	必要な場合	取得先	☑
① 被相続人の出生から死亡までの戸籍全部事項証明書（戸籍謄本）・除籍全部事項証明書（除籍謄本）	必　須	本籍地の市区町村役場	□
② ①の一部が滅失しているときは、「除籍等の謄本が交付できない」旨の証明書	①の一部が滅失している場合	本籍地の市区町村役場	□
③ 被相続人の住民票の除票の写し（又は戸籍の附票の写し） ※廃棄されている場合は、一覧図には被相続人の最後の住所の記載に代えて最後の本籍を記載する。	必　須	最後の住所地の市区町村役場（戸籍の附票の写しの場合は、本籍地の市区町村役場）	□
④ 相続人である父及び母の戸籍全部(個人)事項証明書（戸籍謄抄本）	必　須	本籍地の市区町村役場	□
⑤ 申出人の氏名・住所を確認できる公的証明書 （⑥と兼ねることができる。また、運転免許証や健康保険証でもよい。ただし、写しの場合は申出人の原本証明が必要。）	必　須	―	□

⑥　相続人である父及び母の住民票の写し（又は戸籍の附票の写し）	一覧図に相続人の住所を記載する場合	住所地の市区町村役場（戸籍の附票の写しの場合は、本籍地の市区町村役場）	☐
⑦　被相続人の亡子の出生から死亡までの戸籍全部事項証明書（戸籍謄本）・除籍全部事項証明書（除籍謄本）	相続開始以前に死亡している子がいる場合	本籍地の市区町村役場	☐
⑧　委任状	委任による代理人が申出手続をする場合	作　成	☐
⑨　士業団体所定の身分証明書の写し	戸籍法10条の2第3項に掲げる者（ただし、個人）が代理人となる場合	―	☐
⑩　士業法人の登記事項証明書	士業法人が代理人となる場合	法務局	☐

Case29　親2人のうち一方が養父・養母である場合

作成時のポイント

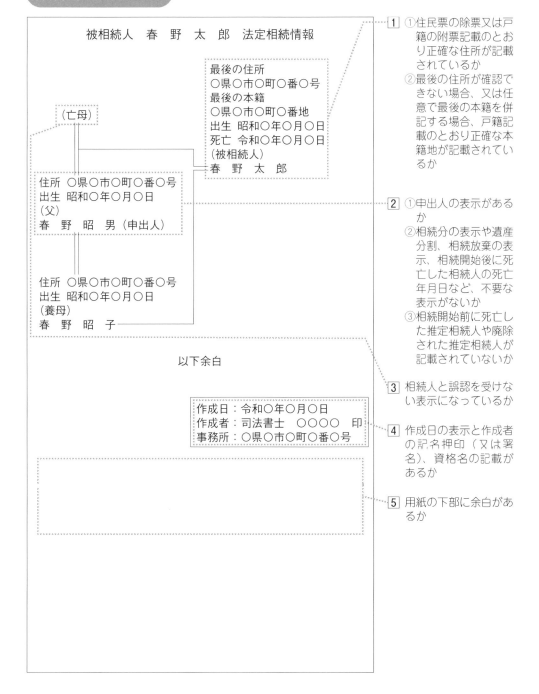

ポイント解説

1 被相続人の表示　　→Case27 1 参照

2 相続人の表示　　→Case27 2 参照

3 相続開始前に死亡した父又は母の表示　　→Case27 3 参照

4 作成者の表示と押印　　→Case27 4 参照

5 一覧図の印刷と余白　　→Case27 5 参照

必要書類

※内容が重複するもの又は他の者に係る証明書等で兼ねることができるものについては、重ねて取得する必要はありません。

書類名	必要な場合	取得先	☑
① 被相続人の出生から死亡までの戸籍全部事項証明書（戸籍謄本）・除籍全部事項証明書（除籍謄本）	必 須	本籍地の市区町村役場	☐
② ①の一部が滅失しているときは、「除籍等の謄本が交付できない」旨の証明書	①の一部が滅失している場合	本籍地の市区町村役場	☐
③ 被相続人の住民票の除票の写し（又は戸籍の附票の写し） ※廃棄されている場合は、一覧図には被相続人の最後の住所の記載に代えて最後の本籍を記載する。	必 須	最後の住所地の市区町村役場（戸籍の附票の写しの場合は、本籍地の市区町村役場）	☐
④ 相続人である父又は母及び養父又は養母の戸籍全部（個人）事項証明書（戸籍謄抄本）（相続人とならない父又は母が相続開始前に死亡していることが分かるもの）	必 須	本籍地の市区町村役場	☐
⑤ 申出人の氏名・住所を確認できる公的証明書 （⑥と兼ねることができる。また、運転免	必 須	－	☐

	許証や健康保険証でもよい。ただし、写しの場合は申出人の原本証明が必要。)			
⑥	相続人である父又は母及び養父又は養母の住民票の写し（又は戸籍の附票の写し）	一覧図に相続人の住所を記載する場合	住所地の市区町村役場（戸籍の附票の写しの場合は、本籍地の市区町村役場）	☐
⑦	被相続人の亡子の出生から死亡までの戸籍全部事項証明書（戸籍謄本）・除籍全部事項証明書（除籍謄本）	相続開始以前に死亡している子がいる場合	本籍地の市区町村役場	☐
⑧	委任状	委任による代理人が申出手続をする場合	作　成	☐
⑨	士業団体所定の身分証明書の写し	戸籍法10条の2第3項に掲げる者（ただし、個人）が代理人となる場合	―	☐
⑩	士業法人の登記事項証明書	士業法人が代理人となる場合	法務局	☐

8 法定相続人が兄弟姉妹のみの場合

Case30 兄弟姉妹がいる場合

作成時のポイント

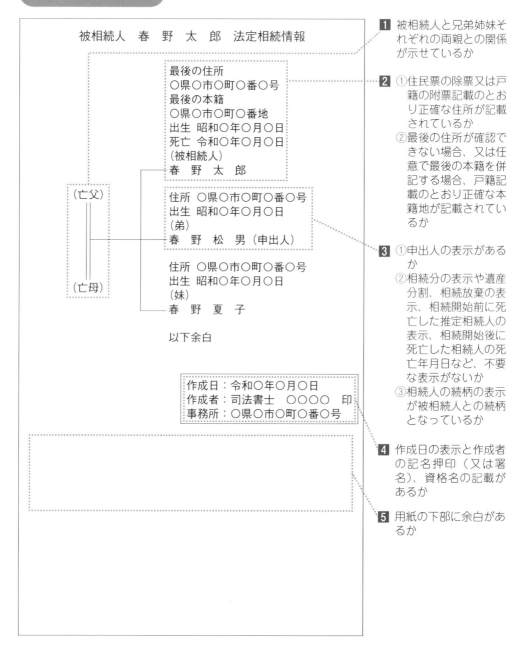

第3章　第1　法定相続情報一覧図　　153

ポイント解説

1　兄弟姉妹が相続人となる場合

　兄弟姉妹が相続人となる場合において、「父母の一方のみを同じくする兄弟姉妹の相続分は、父母の双方を同じくする兄弟姉妹の相続分の2分の1とする」と規定されています（民900四ただし書）。そのため、父母の一方のみを同じくする兄弟姉妹であるか父母の双方を同じくする兄弟姉妹であるか示す必要があるときは、それぞれの両親との関係を線で結ぶなどし、表示する必要があります。

2　被相続人の表示

1　被相続人の表示項目

　被相続人の氏名、生年月日、最後の住所及び死亡の年月日を記載し、被相続人の氏名には「被相続人」と併記します（規則247①一、基本通達第2　3(3)イ）。また、申出人の任意により、最後の住所に並べて最後の本籍を記載することもできます。

2　住所の表示

　最後の住所は、住民票の除票（又は戸籍の附票）により確認して記載します。

　また、申出人の任意により、最後の住所に並べて最後の本籍を記載することもできますが、住民票の除票等が市区町村において廃棄されている場合は、被相続人の最後の住所の記載に代えて最後の本籍を必ず記載しなければなりません（基本通達第2　3(3)コ）。

3　戸籍記載の氏名が誤字・俗字の場合

　戸籍に記載されている被相続人や相続人の氏名が誤字・俗字である場合、一覧図に記載する氏名は、戸籍に記載のある文字と正字に引き直された文字のいずれでも差し支えないとされています。

3　相続人の表示

1　申出人の表示

　一覧図の保管及び交付の申出ができるのは、相続人又は当該相続人の地位を相続により承継した者に限定されています。一覧図には申出人が記名することとされていますが、申出人が相続人として記載されている場合は、一覧図への申出人の記名は、当該相続人の氏名に「申出人」と併記することでも差し支えないとされています（規則247③一、基本通達第2　3(3)エ）。

2　相続人の表示項目

　相続人の氏名、生年月日及び被相続人との続柄を記載します（規則247①二）。また、

申出人の任意により、相続人の住所を記載することもできます。記載する場合は、住民票（又は戸籍の附票）等にあるとおり記載し、住民票等の提出が必要になります（規則247④）。

3　続柄の表示

（1）　続柄の表示方法

続柄の表示については、戸籍に記載される続柄を記載します。

したがって、被相続人の配偶者であれば「夫」や「妻」、子であれば「長男」、「長女」、「養子」などとします。ただし、続柄の記載は、あくまで被相続人との続柄である必要があることから、戸籍に記載される続柄では表記することができない場合、例えば被相続人の兄弟姉妹が相続人である場合は「姉」や「弟」とします。

なお、申出人の任意により、被相続人の配偶者が相続人である場合には、その続柄を「配偶者」としたり、同じく子である場合に「子」とすることでも差し支えないとされています（基本通達第2　3(3)ウ）。

（2）　養子縁組をした兄弟姉妹の表示方法

被相続人の親と養子縁組をしたことによる兄弟姉妹が相続人となる場合、養子は、養親の血族との間において養子縁組の日から親族関係を生ずることとなるため（民727）、実の兄弟姉妹と同様に「兄」や「妹」などと記載し、この場合の兄弟姉妹の判定は生年月日で行うことになります。

4　戸籍記載の氏名が誤字・俗字の場合

2 3参照

5　一覧図に記載する相続人

一覧図に記載する相続人は、相続開始の時における同順位の相続人とされています。そのため、たとえ被相続人の配偶者や子、又は兄弟姉妹であった者でも相続開始の時において相続人でない者は記載することはできず、これを記載したときは訂正（削除）を求められます。なお、当該子や兄弟姉妹に代襲者がいる場合は、当該子や兄弟姉妹について、「被代襲者（年月日死亡）」などと記載した上で、代襲者を記載します。この場合、廃除による代襲を除き死亡による代襲の場合は、被代襲者の氏名を具体的に記載しても差し支えありません。

6　同時死亡の場合

民法32条の2では、「数人の者が死亡した場合において、そのうちの一人が他の者の死亡後になお生存していたことが明らかでないときは、これらの者は、同時に死亡したものと推定する。」とされており、この場合、死亡者相互間では相続は生じないこととされています。したがって、同時に死亡した者相互間では、他の者が相続開始前に死亡した場合と同様、当該他の者は一覧図には記載しません。

ただし、親子が同時死亡した場合の孫や兄弟姉妹が同時死亡した場合の甥・姪など、相続人となるべきであった者に子がいる場合は、当該孫や甥・姪は相続人となるべきであった子や兄弟姉妹を代襲して相続人になります（民887②・889②）。これは、昭和37年の民法の一部改正で、「被相続人の子が、相続の『開始前』に死亡したとき……」という文言が『開始以前』と改められ、この中に同時死亡の場合も含むとされたためです。したがって、このような場合は、当該子や兄弟姉妹について、「被代襲者（年月日死亡）」などと記載した上で、当該孫や甥・姪を代襲者として記載します。なお、死亡による代襲の場合は、被代襲者の氏名を具体的に記載しても差し支えありません。

7　相続開始後に死亡した相続人の表示

　一覧図は、戸除籍謄抄本の記載から判明する被相続人の死亡時点の相続関係を表すものであるため、相続開始後に死亡した相続人があったとしても、その者は相続人として記載します。ただし、あくまでも被相続人の死亡時点の相続関係を表すものであるため、相続開始後に死亡した相続人の死亡年月日は記載されません。一覧図に当該年月日を記載した場合は、訂正（削除）を求められます。

8　相続放棄・遺産分割の表示

　一覧図は、あくまでも戸除籍謄抄本の記載から判明する相続関係を表すものであるため、戸除籍謄抄本の記載からは判明しない相続欠格や相続放棄の有無又は遺産分割協議の結果などは記載しません。これらを併記した場合は、たとえこれらの事由を証する書面を添付しても、訂正（削除）を求められます。

9　兄弟姉妹の同父母・異父母の別の表示

　兄弟姉妹が相続人となる場合において、「父母の一方のみを同じくする兄弟姉妹の相続分は、父母の双方を同じくする兄弟姉妹の相続分の2分の1とする」と規定されています（民900四ただし書）。そのため、父母の一方のみを同じくする兄弟姉妹と父母の双方を同じくする兄弟姉妹の別を示す必要があるときは、それぞれの両親との関係を線で結ぶなどし、表示する必要があります。

10　父母等の表示

　相続人ではない被相続人春野太郎の父母については、氏名及び死亡年月日は記載しません。

11　法定相続分の表示

　一覧図において相続分の表示は認められていません。相続人について、法定相続分を併記した場合には、訂正（削除）を求められます。

4　作成者の表示と押印

　一覧図には、作成の年月日を記載し、作成した申出人又はその代理人は、住所を記載し、記名押印（又は署名）します。代理人が戸籍法10条の2第3項に掲げる者である場合は、住所については事務所所在地とし、併せてその資格の名称も記載します（規則247③一、基本通達第2　3(3)オ）。

5　一覧図の印刷と余白

　一覧図は、A4縦の丈夫な用紙を使用します（基本通達第2　3(3)ケ）。なお、下から約5cmの範囲に認証文が付されますので、可能な限り下から約5cmの範囲には記載をしません（法務局ホームページ「主な法定相続情報一覧図の様式及び記載例」）。

必要書類

※内容が重複するもの又は他の者に係る証明書等で兼ねることができるものについては、
　重ねて取得する必要はありません。

書類名	必要な場合	取得先	☑
①　被相続人及び亡父母の出生から死亡までの戸籍全部事項証明書（戸籍謄本）・除籍全部事項証明書（除籍謄本）	必　須	本籍地の市区町村役場	☐
②　被相続人の亡祖父母等の死亡事項の記載のある除籍全部事項証明書（除籍謄本）	①によって判明する祖父母等の生年月日から、当該祖父母等が生存している可能性がある場合	本籍地の市区町村役場	☐
③　①②の一部が滅失しているときは、「除籍等の謄本が交付できない」旨の証明書	①②の一部が滅失している場合	本籍地の市区町村役場	☐
④　被相続人の住民票の除票の写し（又は戸籍の附票の写し） ※廃棄されている場合は、一覧図には被相続人の最後の住所の記載に代えて最後の本籍を記載する。	必　須	最後の住所地の市区町村役場（戸籍の附票の写しの場合は、本籍地の市区町村役場）	☐
⑤　相続人である兄弟姉妹全員の戸籍全部（個人）事項証明書（戸籍謄抄本）	必　須	本籍地の市区町村役場	☐

⑥　申出人の氏名・住所を確認できる公的証明書 　　（⑦と兼ねることができる。また、運転免許証や健康保険証でもよい。ただし、写しの場合は申出人の原本証明が必要。）	必　須	－	☐
⑦　相続人である兄弟姉妹全員の住民票の写し（又は戸籍の附票の写し）	一覧図に相続人の住所を記載する場合	住所地の市区町村役場（戸籍の附票の写しの場合は、本籍地の市区町村役場）	☐
⑧　被相続人の亡子や亡孫の出生から死亡までの戸籍全部事項証明書（戸籍謄本）・除籍全部事項証明書（除籍謄本）	相続開始以前に死亡している子や孫がいる場合	本籍地の市区町村役場	☐
⑨　委任状	委任による代理人が申出手続をする場合	作　成	☐
⑩　士業団体所定の身分証明書の写し	戸籍法10条の2第3項に掲げる者（ただし、個人）が代理人となる場合	－	☐
⑪　士業法人の登記事項証明書	士業法人が代理人となる場合	法務局	☐

158　第3章　第1　法定相続情報一覧図

Case31　異父母の兄弟姉妹がいる場合

作成時のポイント

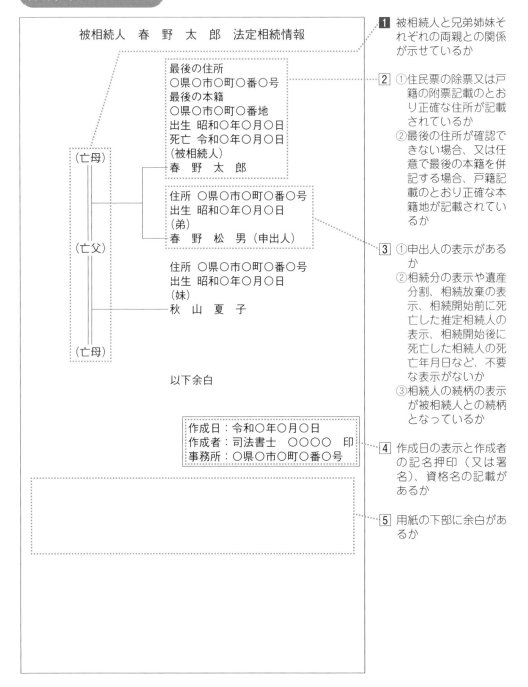

1 被相続人と兄弟姉妹それぞれの両親との関係が示せているか

2 ①住民票の除票又は戸籍の附票記載のとおり正確な住所が記載されているか
②最後の住所が確認できない場合、又は任意で最後の本籍を併記する場合、戸籍記載のとおり正確な本籍地が記載されているか

3 ①申出人の表示があるか
②相続分の表示や遺産分割、相続放棄の表示、相続開始前に死亡した推定相続人の表示、相続開始後に死亡した相続人の死亡年月日など、不要な表示がないか
③相続人の続柄の表示が被相続人との続柄となっているか

4 作成日の表示と作成者の記名押印（又は署名）、資格名の記載があるか

5 用紙の下部に余白があるか

第3章　第1　法定相続情報一覧図　　159

ポイント解説

1　異父母の兄弟姉妹がいる場合

　兄弟姉妹が相続人となる場合において、「父母の一方のみを同じくする兄弟姉妹の相続分は、父母の双方を同じくする兄弟姉妹の相続分の2分の1とする」と規定されています（民900四ただし書）。そのため、父母の一方のみを同じくする兄弟姉妹であるか父母の双方を同じくする兄弟姉妹であるかを示す必要があるときは、それぞれの両親との関係を線で結ぶなどし、表示する必要があります。

2　被相続人の表示　　→Case30 **2** 参照

3　相続人の表示　　　→Case30 **3** 参照

4　作成者の表示と押印　　→Case30 **4** 参照

5　一覧図の印刷と余白　　→Case30 **5** 参照

必要書類

※内容が重複するもの又は他の者に係る証明書等で兼ねることができるものについては、重ねて取得する必要はありません。

書類名	必要な場合	取得先	☑
①　被相続人及び亡父母の出生から死亡までの戸籍全部事項証明書（戸籍謄本）・除籍全部事項証明書（除籍謄本）	必　須	本籍地の市区町村役場	☐
②　被相続人の亡祖父母等の死亡事項の記載のある除籍全部事項証明書（除籍謄本）	①によって判明する祖父母等の生年月日から、当該祖父母等が生存している可能性がある場合	本籍地の市区町村役場	☐
③　①②の一部が滅失しているときは、「除籍等の謄本が交付できない」旨の証明書	①②の一部が滅失している場合	本籍地の市区町村役場	☐

④ 被相続人の住民票の除票の写し（又は戸籍の附票の写し） ※廃棄されている場合は、一覧図には被相続人の最後の住所の記載に代えて最後の本籍を記載する。	必　須	最後の住所地の市区町村役場（戸籍の附票の写しの場合は、本籍地の市区町村役場）	☐
⑤ 相続人である兄弟姉妹全員の戸籍全部（個人）事項証明書（戸籍謄抄本）	必　須	本籍地の市区町村役場	☐
⑥ 申出人の氏名・住所を確認できる公的証明書 （⑦と兼ねることができる。また、運転免許証や健康保険証でもよい。ただし、写しの場合は申出人の原本証明が必要。）	必　須	―	☐
⑦ 相続人である兄弟姉妹全員の住民票の写し（又は戸籍の附票の写し）	一覧図に相続人の住所を記載する場合	住所地の市区町村役場（戸籍の附票の写しの場合は、本籍地の市区町村役場）	☐
⑧ 被相続人の亡子や亡孫の出生から死亡までの戸籍全部事項証明書（戸籍謄本）・除籍全部事項証明書（除籍謄本）	相続開始以前に死亡している子や孫がいる場合	本籍地の市区町村役場	☐
⑨ 委任状	委任による代理人が申出手続をする場合	作　成	☐
⑩ 士業団体所定の身分証明書の写し	戸籍法10条の2第3項に掲げる者（ただし、個人）が代理人となる場合	―	☐
⑪ 士業法人の登記事項証明書	士業法人が代理人となる場合	法務局	☐

第3章　第1　法定相続情報一覧図　　161

Case32　列挙形式（異父母の兄弟姉妹がいる場合）

作成時のポイント

```
　　　被相続人　春　野　太　郎　法定相続情報

┌─────────────────┬──────────────────┐
│ 最後の住所          │ ○県○市○町○番○号    │
├─────────────────┼──────────────────┤
│ 最後の本籍          │ ○県○市○町○番地      │
├─────────────────┼──────────────────┤
│ 出生               │ 昭和○年○月○日       │
├─────────────────┼──────────────────┤
│ 死亡               │ 令和○年○月○日       │
├─────────────────┼──────────────────┤
│ （被相続人）        │ 春　野　太　郎        │
└─────────────────┴──────────────────┘

┌─────────────────┬──────────────────┐
│ 住所               │ ○県○市○町○番○号    │
├─────────────────┼──────────────────┤
│ 出生               │ 昭和○年○月○日       │
├─────────────────┼──────────────────┤
│（父母の双方を同じくする弟）│ 春　野　松　男（申出人）│
└─────────────────┴──────────────────┘

┌─────────────────┬──────────────────┐
│ 住所               │ ○県○市○町○番○号    │
├─────────────────┼──────────────────┤
│ 出生               │ 昭和○年○月○日       │
├─────────────────┼──────────────────┤
│（父母の一方のみを同じくする│ 秋　山　夏　子        │
│ 妹）               │                   │
└─────────────────┴──────────────────┘

　　　　　　　　　以下余白

┌──────────────────────────┐
│ 作成日：令和○年○月○日              │
│ 作成者：司法書士　○○○○　印        │
│ 事務所：○県○市○町○番○号          │
└──────────────────────────┘
```

1 一覧図の写しの利用目的が兄弟姉妹の同父母・異父母の別を示す必要のないときまで当該事項を記載していないか

2 ①住民票の除票又は戸籍の附票記載のとおり正確な住所が記載されているか
②最後の住所が確認できない場合、又は任意で最後の本籍を併記する場合、戸籍記載のとおり正確な本籍地が記載されているか

3 ①申出人の表示があるか
②相続分の表示や遺産分割、相続放棄の表示、相続開始前に死亡した推定相続人の表示、相続開始後に死亡した相続人の死亡年月日など、不要な表示がないか
③相続人の続柄の表示が被相続人との続柄の表示となっているか

4 作成日の表示と作成者の記名押印（又は署名）、資格名の記載があるか

5 用紙の下部に余白があるか

162　　第3章　第1　法定相続情報一覧図

ポイント解説

1　一覧図の作成について

1　列挙形式の一覧図

　一覧図は、必ず図示することを求められているものではなく、相続人を列挙する形式で作成することも可能です。列挙形式を用いる場面に特に制限はありませんが、相続人が多数の場合や、相続人に嫡出でない子や父母の一方が異なる兄弟姉妹がいて、その利用目的においてこれらの情報を示す必要がない場合などに、その利用が想定されています。

　ただし、利用目的においてこれらの情報を示す必要がある場合は、「嫡出子、嫡出でない子」や「父母の一方のみを同じくする兄弟姉妹、父母の双方を同じくする兄弟姉妹」と記載することも認められています。

2　列挙形式を利用する場合の注意点

　民法の一部を改正する法律（平成25年法律第94号）を踏まえ、平成25年9月4日以前に開始した相続について、相続人である子が、嫡出子か嫡出でない子かについて併記がない場合、一覧図の記載からは正確に法定相続分が分からないことがあります。この場合、法定相続による権利の移転登記の申請等において、一覧図の写しに加えて法定相続分を疎明できる資料が別途必要となりますので、注意が必要です。

　また、兄弟姉妹が相続人のケースで、列挙形式で作成した一覧図に父母の双方を同じくするのか父母の一方のみを同じくするのかについて情報の併記がない場合、一覧図からは法定相続分が分かりません。この場合、法定相続による権利の移転登記の申請等において、一覧図の写しに加えて法定相続分を疎明できる資料が別途必要となりますので、注意が必要です。

　なお、列挙形式で作成された一覧図の写しは、相続税の申告書の添付書面として利用することができません（相税規16③一ロ）。これは、列挙形式の一覧図では、法定相続分が確認できないこともあるためとされています（国税庁ホームページ「平成30年度税制改正により相続税の申告書の添付書類の範囲が広がりました（平成30年4月1日以後に提出する申告書から適用）」）。

2　被相続人の表示　　→Case30 **2** 参照

3　相続人の表示　　→Case30 **3** 参照

第3章 第1 法定相続情報一覧図　　　163

4　作成者の表示と押印　　→Case30 4 参照

5　一覧図の印刷と余白　　→Case30 5 参照

必要書類

※内容が重複するもの又は他の者に係る証明書等で兼ねることができるものについては、
　重ねて取得する必要はありません。

書類名	必要な場合	取得先	☑
① 被相続人及び亡父母の出生から死亡までの戸籍全部事項証明書（戸籍謄本）・除籍全部事項証明書（除籍謄本）	必　須	本籍地の市区町村役場	□
② 被相続人の亡祖父母等の死亡事項の記載のある除籍全部事項証明書（除籍謄本）	①によって判明する祖父母等の生年月日から、当該祖父母等が生存している可能性がある場合	本籍地の市区町村役場	□
③ ①②の一部が滅失しているときは、「除籍等の謄本が交付できない」旨の証明書	①②の一部が滅失している場合	本籍地の市区町村役場	□
④ 被相続人の住民票の除票の写し（又は戸籍の附票の写し） ※廃棄されている場合は、一覧図には被相続人の最後の住所の記載に代えて最後の本籍を記載する。	必　須	最後の住所地の市区町村役場（戸籍の附票の写しの場合は、本籍地の市区町村役場）	□
⑤ 相続人である兄弟姉妹全員の戸籍全部（個人）事項証明書（戸籍謄抄本）	必　須	本籍地の市区町村役場	□
⑥ 申出人の氏名・住所を確認できる公的証明書 （⑦と兼ねることができる。また、運転免許証や健康保険証でもよい。ただし、写しの場合は申出人の原本証明が必要。）	必　須	―	□

⑦ 相続人である兄弟姉妹全員の住民票の写し（又は戸籍の附票の写し）	一覧図に相続人の住所を記載する場合	住所地の市区町村役場（戸籍の附票の写しの場合は、本籍地の市区町村役場）	☐
⑧ 被相続人の亡子や亡孫の出生から死亡までの戸籍全部事項証明書（戸籍謄本）・除籍全部事項証明書（除籍謄本）	相続開始以前に死亡している子や孫がいる場合	本籍地の市区町村役場	☐
⑨ 委任状	委任による代理人が申出手続をする場合	作　成	☐
⑩ 士業団体所定の身分証明書の写し	戸籍法10条の2第3項に掲げる者（ただし、個人）が代理人となる場合	―	☐
⑪ 士業法人の登記事項証明書	士業法人が代理人となる場合	法務局	☐

9 法定相続人が甥・姪である場合

Case33 甥・姪のみの場合

作成時のポイント

1 被相続人と兄弟姉妹それぞれの両親との関係が示せているか

2 ①住民票の除票又は戸籍の附票記載のとおり正確な住所が記載されているか
②最後の住所が確認できない場合、又は任意で最後の本籍を併記する場合、戸籍記載のとおり正確な本籍地が記載されているか

3 ①申出人の表示があるか
②相続分の表示や遺産分割、相続放棄の表示、相続開始前に死亡した推定相続人の表示、相続開始後に死亡した相続人の死亡年月日など、不要な表示がないか
③相続人の続柄の表示が被相続人との続柄となっているか
④嫡出子と嫡出でない子を示す必要がある場合、それぞれの両親の関係が表示されているか

4 作成日の表示と作成者の記名押印(又は署名)、資格名の記載があるか

5 用紙の下部に余白があるか

ポイント解説

1 甥・姪が代襲相続人となる場合の表示

1 被代襲者である兄弟姉妹がいる場合

兄弟姉妹が相続人となる場合において、「父母の一方のみを同じくする兄弟姉妹の相続分は、父母の双方を同じくする兄弟姉妹の相続分の2分の1とする」と規定されています(民900四ただし書)。そのため、父母の一方のみを同じくする兄弟姉妹と、父母の双方を同じくする兄弟姉妹の別を示す必要があるときは、それぞれの両親との関係を線で結ぶなどし、表示する必要があります。

これは、甥・姪が代襲相続人になる場合の被代襲者である兄弟姉妹についても同様です。

なお、本Caseのように被代襲者である被相続人の兄弟姉妹が一人の場合は、同父母・異父母の別を示す必要がないため、必ずしもそれぞれの両親との関係を表示する必要はありません。

＜被代襲者である被相続人の兄弟姉妹が一人の場合である本Caseにおいて、当該兄弟姉妹の同父母・異父母の別を示さない場合の記載例＞

※被相続人春野太郎と被代襲者である兄弟姉妹の両親を「(父)」「(母)」などと表示しません。

2 兄弟姉妹の代襲

兄弟姉妹の代襲については、これを規定した民法889条2項の規定が、直系卑属の再代襲を規定した同法887条3項の規定を準用していないことから、甥・姪までの一代限りとなります。ただし、昭和56年1月1日施行の民法の一部改正前は、上記民法889条2項の規定が同法887条3項の規定を準用していたことから、昭和55年12月31日以前に開始した相続については、兄弟姉妹の直系卑属に再代襲が認められていたことには注意が必要です。

2　被相続人の表示

1　被相続人の表示項目

　被相続人の氏名、生年月日、最後の住所及び死亡の年月日を記載し、被相続人の氏名には「被相続人」と併記します（規則247①一、基本通達第2　3(3)イ）。また、申出人の任意により、最後の住所に並べて最後の本籍を記載することもできます。

2　住所の表示

　最後の住所は、住民票の除票（又は戸籍の附票）により確認して記載します。

　また、申出人の任意により、最後の住所に並べて最後の本籍を記載することもできますが、住民票の除票等が市区町村において廃棄されている場合は、被相続人の最後の住所の記載に代えて最後の本籍を必ず記載しなければなりません（基本通達第2　3(3)コ）。

3　戸籍記載の氏名が誤字・俗字の場合

　戸籍に記載されている被相続人や相続人の氏名が誤字・俗字である場合、一覧図に記載する氏名は、戸籍に記載のある文字と正字に引き直された文字のいずれでも差し支えないとされています。

3　相続人の表示

1　申出人の表示

　一覧図の保管及び交付の申出ができるのは、相続人又は当該相続人の地位を相続により承継した者に限定されています。一覧図には申出人が記名することとされていますが、申出人が相続人として記載されている場合は、一覧図への申出人の記名は、当該相続人の氏名に「申出人」と併記することでも差し支えないとされています（規則247③一、基本通達第2　3(3)エ）。

2　相続人の表示項目

　相続人の氏名、生年月日及び被相続人との続柄を記載します（規則247①二）。また、申出人の任意により、相続人の住所を記載することもできます。記載する場合は、住民票（又は戸籍の附票）等にあるとおり記載し、住民票等の提出が必要になります（規則247④）。

3　続柄の表示

　続柄の表示については、戸籍に記載される続柄を記載します。

　したがって、被相続人の配偶者であれば「夫」や「妻」、子であれば「長男」、「長女」、「養子」などとします。ただし、続柄の記載は、あくまで被相続人との続柄である必要があることから、戸籍に記載される続柄では表記することができない場合、例えば、

兄弟姉妹が相続人である場合は「姉」や「弟」、また、代襲相続がある場合であって被相続人の孫や甥・姪が代襲相続人となる場合は「孫」、「甥」、「姪」とします。

なお、申出人の任意により、被相続人の配偶者が相続人である場合にその続柄を「配偶者」としたり、同じく子である場合に「子」とすることでも差し支えないとされています（基本通達第2 3(3)ウ）。

4 戸籍記載の氏名が誤字・俗字の場合

2 3参照

5 一覧図に記載する相続人

一覧図に記載する相続人は、相続開始の時における同順位の相続人とされています。そのため、たとえ被相続人の配偶者や子、又は兄弟姉妹であった者でも相続開始の時において相続人でない者は記載することはできず、これを記載したときは訂正（削除）を求められます。

6 被代襲者の記載について

相続人となるべきであった子や兄弟姉妹に代襲者がいる場合は、当該子や兄弟姉妹について、「被代襲者（年月日死亡）」などと記載した上で、代襲者を記載します。この場合、廃除による代襲を除き死亡による代襲の場合は、被代襲者の氏名を具体的に記載しても差し支えありません。

7 同時死亡の場合

民法32条の2では、「数人の者が死亡した場合において、そのうちの一人が他の者の死亡後になお生存していたことが明らかでないときは、これらの者は、同時に死亡したものと推定する。」とされており、この場合、死亡者相互間では相続は生じないこととされています。したがって、同時に死亡した者相互間では、他の者が相続開始前に死亡した場合と同様、当該他の者は一覧図には記載しません。

ただし、例えば親子が同時に死亡した場合の孫や、兄弟姉妹が同時死亡した場合の甥・姪など、相続人となるべき者であった者に子がいる場合は、当該孫や甥・姪は相続人となるべきであった子や兄弟姉妹を代襲して相続人になります（民887②・889②）。これは、昭和37年の民法の一部改正で、「被相続人の子が、相続の『開始前』に死亡したとき……」という文言が『開始以前』と改められ、この中に同時死亡の場合も含むとされたためです。したがって、このような場合は、当該子や兄弟姉妹について、「被代襲者（年月日死亡）」などと記載した上で、当該孫や甥・姪を代襲者として記載します。なお、死亡による代襲の場合は、被代襲者の氏名を具体的に記載しても差し支えありません。

8　相続開始後に死亡した相続人の表示

　一覧図は、戸除籍謄抄本の記載から判明する被相続人の死亡時点の相続関係を表すものであるため、相続開始後に死亡した相続人があったとしても、その者は相続人として記載します。ただし、あくまでも被相続人の死亡時点の相続関係を表すものであるため、相続開始後に死亡した相続人の死亡年月日は記載されません。一覧図に当該年月日を記載した場合は、訂正（削除）を求められます。

9　相続放棄・遺産分割の表示

　一覧図は、あくまでも戸除籍謄抄本の記載から判明する相続関係を表すものであるため、戸除籍謄抄本の記載からは判明しない相続欠格や相続放棄の有無又は遺産分割協議の結果などは記載しません。これらを併記した場合は、たとえこれらの事由を証する書面を添付しても、訂正（削除）を求められます。

10　「嫡出子」「嫡出でない子」等の表示

　民法の一部を改正する法律（平成25年法律第94号）を踏まえ、平成25年9月4日以前に開始した相続について、相続人たる被相続人の子が複数いる場合で、嫡出子と嫡出でない子を示す必要があるときは、嫡出子については、その両親の関係を表す線を二本線（二重線）とし、嫡出でない子については、その両親の関係を表す線は一本線とします（法務局ホームページ「主な法定相続情報一覧図の様式及び記載例」）。

　これは、相続人となるべきであった子や兄弟姉妹が被相続人の死亡以前に死亡しており、当該子や兄弟姉妹に代襲者が数人いて、当該代襲者が嫡出子か嫡出でない子かを示す必要がある場合も同様です（民901）。

＜本Caseにおいて代襲者が嫡出子か嫡出でない子かを示す
　必要がある場合の記載例＞

11　法定相続分の表示

　一覧図において相続分の表示は認められていません。相続人について、法定相続分を併記した場合には、訂正（削除）を求められます。

12　父母等の表示

相続人ではない被相続人春野太郎の父母については、氏名及び死亡年月日は記載しません。

4　作成者の表示と押印

　一覧図には、作成の年月日を記載し、作成した申出人又はその代理人は、住所を記載し、記名押印（又は署名）します。代理人が戸籍法10条の2第3項に掲げる者である場合は、住所については事務所所在地とし、併せてその資格の名称も記載します（規則247③一、基本通達第2　3(3)オ）。

5　一覧図の印刷と余白

　一覧図は、A4縦の丈夫な用紙を使用します（基本通達第2　3(3)ケ）。なお、下から約5cmの範囲に認証文が付されますので、可能な限り下から約5cmの範囲には記載をしません（法務局ホームページ「主な法定相続情報一覧図の様式及び記載例」）。

必要書類

※内容が重複するもの又は他の者に係る証明書等で兼ねることができるものについては、
　重ねて取得する必要はありません。

書類名	必要な場合	取得先	☑
①　被相続人、被代襲者、亡父母の出生から死亡までの戸籍全部事項証明書（戸籍謄本）・除籍全部事項証明書（除籍謄本）	必　須	本籍地の市区町村役場	☐
②　被相続人の亡祖父母等の死亡事項の記載のある除籍全部事項証明書（除籍謄本）	①によって判明する祖父母等の生年月日から、当該祖父母等が生存している可能性がある場合	本籍地の市区町村役場	☐
③　①②の一部が滅失しているときは、「除籍等の謄本が交付できない」旨の証明書	①②の一部が滅失している場合	本籍地の市区町村役場	☐

④ 被相続人の住民票の除票の写し（又は戸籍の附票の写し） ※廃棄されている場合は、一覧図には被相続人の最後の住所の記載に代えて最後の本籍を記載する。	必 須	最後の住所地の市区町村役場（戸籍の附票の写しの場合は、本籍地の市区町村役場）	□
⑤ 相続人である甥・姪全員の戸籍全部（個人）事項証明書（戸籍謄抄本）	必 須	本籍地の市区町村役場	□
⑥ 申出人の氏名・住所を確認できる公的証明書 （⑦と兼ねることができる。また、運転免許証や健康保険証でもよい。ただし、写しの場合は申出人の原本証明が必要。）	必 須	－	□
⑦ 相続人である甥・姪全員の住民票の写し（又は戸籍の附票の写し）	一覧図に相続人の住所を記載する場合	住所地の市区町村役場（戸籍の附票の写しの場合は、本籍地の市区町村役場）	□
⑧ 被相続人の亡子や亡孫の出生から死亡までの戸籍全部事項証明書（戸籍謄本）・除籍全部事項証明書（除籍謄本）	相続開始以前に死亡している子や孫がいる場合	本籍地の市区町村役場	□
⑨ 委任状	委任による代理人が申出手続をする場合	作 成	□
⑩ 士業団体所定の身分証明書の写し	戸籍法10条の2第3項に掲げる者（ただし、個人）が代理人となる場合	－	□
⑪ 士業法人の登記事項証明書	士業法人が代理人となる場合	法務局	□

Case34 同父母の兄弟姉妹及び異父母の兄弟姉妹の子である甥・姪がいる場合

作成時のポイント

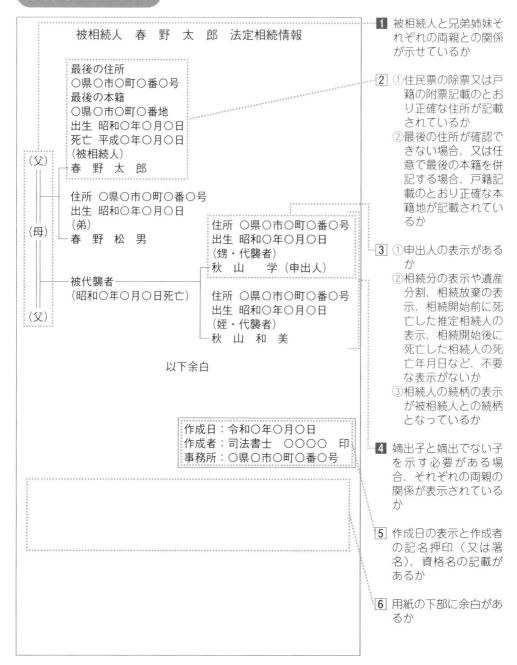

1. 被相続人と兄弟姉妹それぞれの両親との関係が示せているか
2. ①住民票の除票又は戸籍の附票記載のとおり正確な住所が記載されているか
   ②最後の住所が確認できない場合、又は任意で最後の本籍を併記する場合、戸籍記載のとおり正確な本籍地が記載されているか
3. ①申出人の表示があるか
   ②相続分の表示や遺産分割、相続放棄の表示、相続開始前に死亡した推定相続人の表示、相続開始後に死亡した相続人の死亡年月日など、不要な表示がないか
   ③相続人の続柄の表示が被相続人との続柄となっているか
4. 嫡出子と嫡出でない子を示す必要がある場合、それぞれの両親の関係が表示されているか
5. 作成日の表示と作成者の記名押印（又は署名）、資格名の記載があるか
6. 用紙の下部に余白があるか

第3章　第1　法定相続情報一覧図　　173

(ポイント解説)

1　同父母・異父母の兄弟姉妹の子等の表示

1　被代襲者である異父母の兄弟姉妹がいる場合

兄弟姉妹が相続人となる場合において、「父母の一方のみを同じくする兄弟姉妹の相続分は、父母の双方を同じくする兄弟姉妹の相続分の2分の1とする」と規定されています（民900四ただし書）。そのため、父母の一方のみを同じくする兄弟姉妹と父母の双方を同じくする兄弟姉妹の別を示す必要があるときは、それぞれの両親との関係を線で結ぶなどし、表示する必要があります。

これは、甥・姪が代襲相続人になる場合の被代襲者である兄弟姉妹についても同様です。

2　兄弟姉妹の代襲

兄弟姉妹の代襲については、これを規定した民法889条2項の規定が、直系卑属の再代襲を規定した同法887条3項の規定を準用していないことから、甥・姪までの一代限りとなります。ただし、昭和56年1月1日施行の民法の一部改正前は、上記民法889条2項の規定が同法887条3項の規定を準用していたことから、昭和55年12月31日以前に開始した相続については、兄弟姉妹の直系卑属に再代襲が認められていたことには注意が必要です。

2　被相続人の表示　　→Case33 **2** 参照

3　相続人の表示　　→Case33 **3** 参照

4　「嫡出子」「嫡出でない子」等の表示

民法の一部を改正する法律（平成25年法律第94号）を踏まえ、平成25年9月4日以前に開始した相続について、相続人たる被相続人の子が複数いる場合で、嫡出子と嫡出でない子を示す必要があるときは、嫡出子については、その両親の関係を表す線を二本線（二重線）とし、嫡出でない子については、その両親の関係を表す線は一本線とします（法務局ホームページ「主な法定相続情報一覧図の様式及び記載例」）。

これは、相続人となるべきであった子や兄弟姉妹が被相続人の死亡以前に死亡しており、当該子や兄弟姉妹に代襲者が数人いて、当該代襲者が嫡出子か嫡出でない子かを示す必要がある場合も同様です（民901）。

＜本Caseにおいて代襲者が嫡出子か嫡出でない子かを示す
　必要がある場合の記載例＞
（2人とも嫡出子である場合）

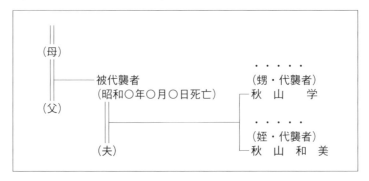

（嫡出でない子がいる場合）

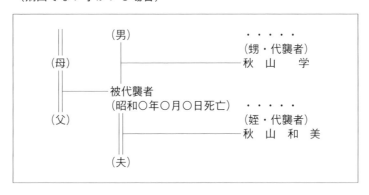

5　作成者の表示と押印　　　→Case33 4 参照

6　一覧図の印刷と余白　　　→Case33 5 参照

必要書類

※内容が重複するもの又は他の者に係る証明書等で兼ねることができるものについては、
　重ねて取得する必要はありません。

書類名	必要な場合	取得先	☑
①　被相続人、被代襲者、亡父母の出生から死亡までの戸籍全部事項証明書（戸籍謄本）・除籍全部事項証明書（除籍謄本）	必　須	本籍地の市区町村役場	□

② 被相続人の亡祖父母等の死亡事項の記載のある除籍全部事項証明書（除籍謄本）	①によって判明する祖父母等の生年月日から、当該祖父母等が生存している可能性がある場合	本籍地の市区町村役場	☐
③ ①②の一部が滅失しているときは、「除籍等の謄本が交付できない」旨の証明書	①②の一部が滅失している場合	本籍地の市区町村役場	☐
④ 被相続人の住民票の除票の写し（又は戸籍の附票の写し） ※廃棄されている場合は、一覧図には被相続人の最後の住所の記載に代えて最後の本籍を記載する。	必　須	最後の住所地の市区町村役場（戸籍の附票の写しの場合は、本籍地の市区町村役場）	☐
⑤ 相続人である兄弟姉妹及び甥・姪全員の戸籍全部（個人）事項証明書（戸籍謄抄本）	必　須	本籍地の市区町村役場	☐
⑥ 申出人の氏名・住所を確認できる公的証明書 （⑦と兼ねることができる。また、運転免許証や健康保険証でもよい。ただし、写しの場合は申出人の原本証明が必要。）	必　須	―	☐
⑦ 相続人である兄弟姉妹及び甥・姪全員の住民票の写し（又は戸籍の附票の写し）	一覧図に相続人の住所を記載する場合	住所地の市区町村役場（戸籍の附票の写しの場合は、本籍地の市区町村役場）	☐
⑧ 被相続人の亡子や亡孫の出生から死亡までの戸籍全部事項証明書（戸籍謄本）・除籍全部事項証明書（除籍謄本）	相続開始以前に死亡している子や孫がいる場合	本籍地の市区町村役場	☐
⑨ 委任状	委任による代理人が申出手続をする場合	作　成	☐
⑩ 士業団体所定の身分証明書の写し	戸籍法10条の2第3項に掲げる者（ただし、個人）が代理人となる場合	―	☐
⑪ 士業法人の登記事項証明書	士業法人が代理人となる場合	法務局	☐

Case35 同父母の兄弟姉妹の子である甥・姪及び異父母の兄弟姉妹の子である甥・姪がいる場合

作成時のポイント

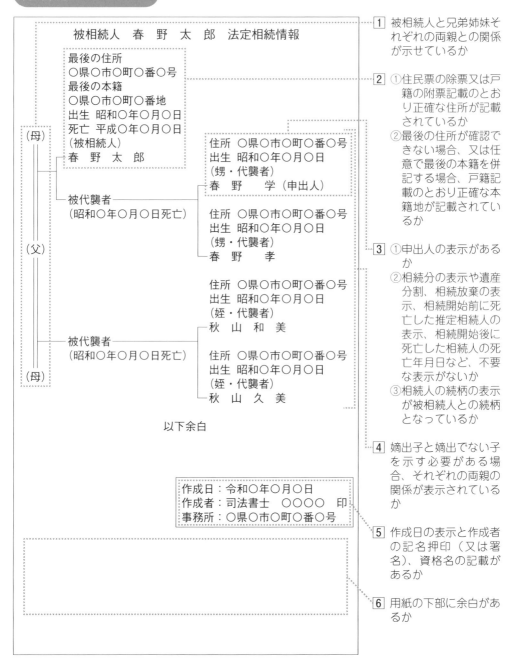

ポイント解説

1　同父母・異父母の兄弟姉妹の子等の表示　　→Case34 **1** 参照

2　被相続人の表示　　→Case33 **2** 参照

3　相続人の表示　　→Case33 **3** 参照

4　「嫡出子」「嫡出でない子」等の表示　　→Case34 **4** 参照

＜本Caseにおいて代襲者が嫡出子か嫡出でない子かを示す必要がある場合の記載例＞

（全員嫡出子である場合）

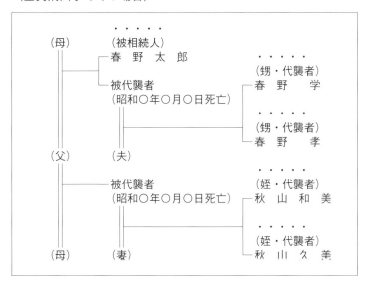

（嫡出でない子がいる場合）

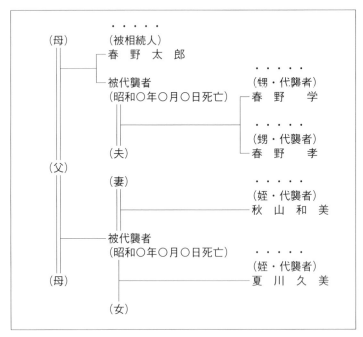

5 作成者の表示と押印　　→Case33 4 参照

6 一覧図の印刷と余白　　→Case33 5 参照

必要書類

※内容が重複するもの又は他の者に係る証明書等で兼ねることができるものについては、重ねて取得する必要はありません。

書類名	必要な場合	取得先	☑
① 被相続人、被代襲者、亡父母の出生から死亡までの戸籍全部事項証明書（戸籍謄本）・除籍全部事項証明書（除籍謄本）	必　須	本籍地の市区町村役場	☐
② 被相続人の亡祖父母等の死亡事項の記載のある除籍全部事項証明書（除籍謄本）	①によって判明する祖父母等の生年月日から、当該祖父母等が生存している可能性がある場合	本籍地の市区町村役場	☐

③　①②の一部が滅失しているときは、「除籍等の謄本が交付できない」旨の証明書	①②の一部が滅失している場合	本籍地の市区町村役場	☐
④　被相続人の住民票の除票の写し（又は戸籍の附票の写し） ※廃棄されている場合は、一覧図には被相続人の最後の住所の記載に代えて最後の本籍を記載する。	必　須	最後の住所地の市区町村役場（戸籍の附票の写しの場合は、本籍地の市区町村役場）	☐
⑤　相続人である甥・姪全員の戸籍全部（個人）事項証明書（戸籍謄抄本）	必　須	本籍地の市区町村役場	☐
⑥　申出人の氏名・住所を確認できる公的証明書 （⑦と兼ねることができる。また、運転免許証や健康保険証でもよい。ただし、写しの場合は申出人の原本証明が必要。）	必　須	―	☐
⑦　相続人である甥・姪全員の住民票の写し（又は戸籍の附票の写し）	一覧図に相続人の住所を記載する場合	住所地の市区町村役場（戸籍の附票の写しの場合は、本籍地の市区町村役場）	☐
⑧　被相続人の亡子や亡孫の出生から死亡までの戸籍全部事項証明書（戸籍謄本）・除籍全部事項証明書（除籍謄本）	相続開始以前に死亡している子や孫がいる場合	本籍地の市区町村役場	☐
⑨　委任状	委任による代理人が申出手続をする場合	作　成	☐
⑩　士業団体所定の身分証明書の写し	戸籍法10条の2第3項に掲げる者（ただし、個人）が代理人となる場合	―	☐
⑪　士業法人の登記事項証明書	士業法人が代理人となる場合	法務局	☐

Case36 列挙形式（同父母の兄弟姉妹の子である甥・姪及び異父母の兄弟姉妹の子である甥・姪がいる場合）

作成時のポイント

被相続人　春　野　太　郎　法定相続情報	
最後の住所	○県○市○町○番○号
最後の本籍	○県○市○町○番地
出生	昭和○年○月○日
死亡	令和○年○月○日
（被相続人）	春　野　太　郎

住所	○県○市○町○番○号
出生	昭和○年○月○日
甥・代襲者（父母の双方を同じくする弟の子）	春　野　　学（申出人）

住所	○県○市○町○番○号
出生	昭和○年○月○日
姪・代襲者（父母の一方のみを同じくする妹の子）	秋　山　和　美

以下余白

作成日：令和○年○月○日
作成者：司法書士　○○○○　印
事務所：○県○市○町○番○号

1 一覧図の写しの利用目的が同父母・異父母の兄弟姉妹の子であることを示す必要のないときまで、当該事項を記載していないか

2 ①住民票の除票又は戸籍の附票記載のとおり正確な住所が記載されているか
②最後の住所が確認できない場合、又は任意で最後の本籍を併記する場合、戸籍記載のとおり正確な本籍地が記載されているか

3 ①申出人の表示があるか
②相続分の表示や遺産分割、相続放棄の表示、相続開始前に死亡した推定相続人の表示、相続開始後に死亡した相続人の死亡年月日など、不要な表示がないか
③相続人の続柄の表示が被相続人との続柄となっているか

4 作成日の表示と作成者の記名押印（又は署名）、資格名の記載があるか

5 用紙の下部に余白があるか

第3章 第1 法定相続情報一覧図　　　181

ポイント解説

1 一覧図の作成について

1 列挙形式の一覧図

一覧図は、必ず図示することを求められているものではなく、相続人を列挙する形式で作成することも可能です。列挙形式を用いる場面に特に制限はありませんが、相続人が多数の場合や、相続人に嫡出でない子や父母の一方が異なる兄弟姉妹がいて、その利用目的においてこれらの情報を示す必要がない場合などに、その利用が想定されています。

ただし、利用目的においてこれらの情報を示す必要がある場合は、「嫡出子、嫡出でない子」や「父母の一方のみを同じくする兄弟姉妹、父母の双方を同じくする兄弟姉妹」と記載することも認められています。

2 列挙形式を利用する場合の注意点

兄弟姉妹やその子（甥・姪）が相続人のケースで、列挙形式で作成した一覧図に当該兄弟姉妹（被代襲者である場合を含みます。）が被相続人と父母の双方を同じくするのか父母の一方のみを同じくするのかについて情報の併記がない場合、一覧図からは法定相続分が分かりません。この場合、法定相続による権利の移転登記の申請等において、一覧図の写しに加えて法定相続分を疎明できる資料が別途必要となりますので、注意が必要です。

また、民法の一部を改正する法律（平成25年法律第94号）を踏まえ、平成25年9月4日以前に開始した相続について、兄弟姉妹の子（甥・姪）が、嫡出子か嫡出でない子か併記がない場合、一覧図の記載からは正確に法定相続分が分からないことがあります。この場合も上記同様、法定相続による権利の移転登記の申請等において、一覧図の写しに加えて法定相続分を疎明できる資料が別途必要となりますので、注意が必要です。

なお、列挙形式で作成された一覧図の写しは、相続税の申告書の添付書面として利用することができません（相税規16③一ロ）。これは、列挙形式の一覧図では、法定相続分が確認できないこともあるためとされています（国税庁ホームページ「平成30年度税制改正により相続税の申告書の添付書類の範囲が広がりました（平成30年4月1日以後に提出する申告書から適用）」）。

2 被相続人の表示　　→Case33 2 参照

3 相続人の表示 →Case33 3 参照

4 作成者の表示と押印 →Case33 4 参照

5 一覧図の印刷と余白 →Case33 5 参照

（ 必要書類 ）

※内容が重複するもの又は他の者に係る証明書等で兼ねることができるものについては、重ねて取得する必要はありません。

書類名	必要な場合	取得先	☑
① 被相続人、被代襲者、亡父母の出生から死亡までの戸籍全部事項証明書（戸籍謄本）・除籍全部事項証明書（除籍謄本）	必 須	本籍地の市区町村役場	☐
② 被相続人の亡祖父母等の死亡事項の記載のある除籍全部事項証明書（除籍謄本）	①によって判明する祖父母等の生年月日から、当該祖父母等が生存している可能性がある場合	本籍地の市区町村役場	☐
③ ①②の一部が滅失しているときは、「除籍等の謄本が交付できない」旨の証明書	①②の一部が滅失している場合	本籍地の市区町村役場	☐
④ 被相続人の住民票の除票の写し（又は戸籍の附票の写し） ※廃棄されている場合は、一覧図には被相続人の最後の住所の記載に代えて最後の本籍を記載する。	必 須	最後の住所地の市区町村役場（戸籍の附票の写しの場合は、本籍地の市区町村役場）	☐
⑤ 相続人である甥・姪全員の戸籍全部（個人）事項証明書（戸籍謄抄本）	必 須	本籍地の市区町村役場	☐
⑥ 申出人の氏名・住所を確認できる公的証明書 （⑦と兼ねることができる。また、運転免許証や健康保険証でもよい。ただし、写	必 須	―	☐

しの場合は申出人の原本証明が必要。)			
⑦ 相続人である甥・姪全員の住民票の写し（又は戸籍の附票の写し）	一覧図に相続人の住所を記載する場合	住所地の市区町村役場（戸籍の附票の写しの場合は、本籍地の市区町村役場）	☐
⑧ 被相続人の亡子や亡孫の出生から死亡までの戸籍全部事項証明書（戸籍謄本）・除籍全部事項証明書（除籍謄本）	相続開始以前に死亡している子や孫がいる場合	本籍地の市区町村役場	☐
⑨ 委任状	委任による代理人が申出手続をする場合	作　成	☐
⑩ 士業団体所定の身分証明書の写し	戸籍法10条の2第3項に掲げる者（ただし、個人）が代理人となる場合	—	☐
⑪ 士業法人の登記事項証明書	士業法人が代理人となる場合	法務局	☐

10　代襲相続が生じている場合（直系の場合）

Case37　代襲相続が生じている場合（配偶者及び複数の子がおり、子について代襲相続が生じている場合）

作成時のポイント

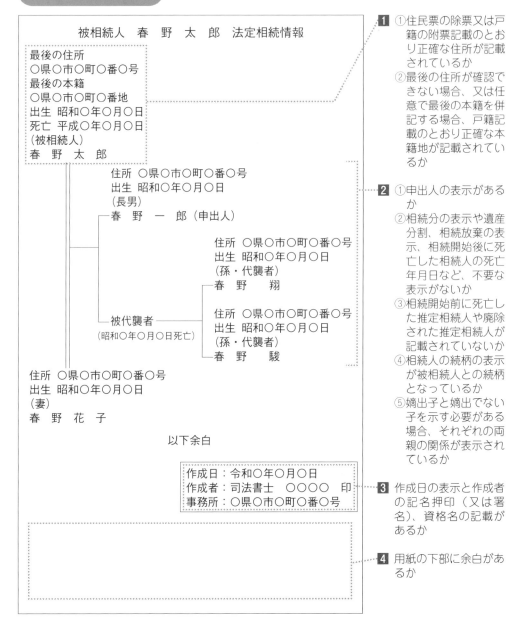

1. ①住民票の除票又は戸籍の附票記載のとおり正確な住所が記載されているか
②最後の住所が確認できない場合、又は任意で最後の本籍を併記する場合、戸籍記載のとおり正確な本籍地が記載されているか

2. ①申出人の表示があるか
②相続分の表示や遺産分割、相続放棄の表示、相続開始後に死亡した相続人の死亡年月日など、不要な表示がないか
③相続開始前に死亡した推定相続人や廃除された推定相続人が記載されていないか
④相続人の続柄の表示が被相続人との続柄となっているか
⑤嫡出子と嫡出でない子を示す必要がある場合、それぞれの両親の関係が表示されているか

3. 作成日の表示と作成者の記名押印（又は署名）、資格名の記載があるか

4. 用紙の下部に余白があるか

第3章　第1　法定相続情報一覧図　　185

ポイント解説

1　被相続人の表示

1　被相続人の表示項目

　被相続人の氏名、生年月日、最後の住所及び死亡の年月日を記載し、被相続人の氏名には「被相続人」と併記します（規則247①一、基本通達第2　3(3)イ）。また、申出人の任意により、最後の住所に並べて最後の本籍を記載することもできます。

2　住所の表示

　最後の住所は、住民票の除票（又は戸籍の附票）により確認して記載します。

　また、申出人の任意により、最後の住所に並べて最後の本籍を記載することもできますが、住民票の除票等が市区町村において廃棄されている場合は、被相続人の最後の住所の記載に代えて最後の本籍を必ず記載しなければなりません（基本通達第2　3(3)コ）。

3　戸籍記載の氏名が誤字・俗字の場合

　戸籍に記載されている被相続人や相続人の氏名が誤字・俗字である場合、一覧図に記載する氏名は、戸籍に記載のある文字と正字に引き直された文字のいずれでも差し支えないとされています。

2　相続人の表示

1　申出人の表示

　一覧図の保管及び交付の申出ができるのは、相続人又は当該相続人の地位を相続により承継した者に限定されています。一覧図には申出人が記名することとされていますが、申出人が相続人として記載されている場合は、一覧図への申出人の記名は、当該相続人の氏名に「申出人」と併記することでも差し支えないとされています（規則247③一、基本通達第2　3(3)エ）。

2　相続人の表示項目

　相続人の氏名、生年月日及び被相続人との続柄を記載します（規則247①二）。また、申出人の任意により、相続人の住所を記載することもできます。記載する場合は、住民票（又は戸籍の附票）等にあるとおり記載し、住民票等の提出が必要になります（規則247④）。

3　続柄の表示

（1）　続柄の表示方法

　続柄の表示については、戸籍に記載される続柄を記載します。

したがって、被相続人の配偶者であれば「夫」や「妻」、子であれば「長男」、「長女」、「養子」などとします。ただし、続柄の記載は、あくまで被相続人との続柄である必要があることから、戸籍に記載される続柄では表記することができない場合、例えば兄弟姉妹が相続人である場合は「姉」や「弟」、また、代襲相続がある場合であって被相続人の孫や甥・姪が代襲相続人となる場合は「孫」、「甥」、「姪」とします。

なお、申出人の任意により、被相続人の配偶者が相続人である場合にその続柄を「配偶者」としたり、同じく子である場合に「子」とすることでも差し支えないとされています（基本通達第2 3(3)ウ）。

（2）　特別養子の表示方法

特別養子の場合は、戸籍に記載される続柄は「長男」、「長女」等となります（戸籍法施行規則付録第24号様式）。したがって、特別養子についても、原則どおり戸籍に記載される続柄を記載することになります。ただし、申出人の任意により「子」とすることも差し支えないとされています（基本通達第2 3(3)ウ）。

（3）　相続人たる子の表示方法

相続人たる子について、「実子」と記載することは認められていません。相続手続によっては、実子ではないが実子とみなされる者（特別養子）がいる場合があるところ、一般的に「実子」と記載した場合にこれが実子とみなされる者までを含む表現であるかどうかについては、必ずしも定着した取扱いがないと考えられています。そのため、「実子」と記載した場合には、戸籍に記載される続柄又は「子」に訂正を求められることになります。

（4）　嫡出でない子の表示方法

相続人に嫡出でない子がおり、戸籍においては当該子の父母との続柄が「男」や「女」となっている場合、被相続人との続柄の表記については、原則として、戸籍の記載に基づき「男」や「女」と記載しますが、申出人の任意により「子」とすることも差し支えないとされています。ただし、「長男」や「二女」と記載した場合は、訂正を求められることになります。

なお、平成16年11月1日から、戸籍における嫡出でない子の父母との続柄欄の記載が、「男」や「女」でなく、「長男（長女）」、「二男（二女)」等と記載されることとなりました。

また、既に戸籍に記載されている嫡出でない子について、その父母との続柄欄の「男」又は「女」の記載を、「長男（二男)」、「長女（二女)」等に更正する申出をした場合は、続柄欄の記載が更正されることとなりました（平16・11・1民一3008）。

そのため、このような戸籍を添付する場合は、嫡出でない子であっても、「長男（二男）」、「長女（二女）」等と記載します。

4　戸籍記載の氏名が誤字・俗字の場合

■13参照

5　一覧図に記載する相続人

一覧図に記載する相続人は、相続開始の時における同順位の相続人とされています。そのため、たとえ被相続人の配偶者や子であった者でも相続開始の時において相続人でない者は記載することはできず、これを記載したときは訂正（削除）を求められます。

6　被代襲者の記載について

相続人となるべきであった子に代襲者がいる場合は、当該子について、「被代襲者（年月日死亡）」などと記載した上で、代襲者を記載します。この場合、廃除による代襲を除き死亡による代襲の場合は、被代襲者の氏名を具体的に記載しても差し支えありません。

7　同時死亡の場合

民法32条の2では、「数人の者が死亡した場合において、そのうちの一人が他の者の死亡後になお生存していたことが明らかでないときは、これらの者は、同時に死亡したものと推定する。」とされており、この場合、死亡者相互間では相続は生じないこととされています。したがって、同時に死亡した者相互間では、他の者が相続開始前に死亡した場合と同様、当該他の者は一覧図には記載しません。

ただし、例えば親子が同時に死亡した場合において孫などの直系卑属がいるときは、当該親子間では相続は生じませんが、当該直系卑属は代襲相続人になります（民887②）。これは、昭和37年の民法の一部改正で、「被相続人の子が、相続の『開始前』に死亡したとき……」という文言が『開始以前』と改められ、この中に同時死亡の場合も含むとされたためです。したがって、このような場合は、当該子について、「被代襲者（年月日死亡）」などと記載した上で、当該孫を代襲者として記載します。なお、死亡による代襲の場合は、被代襲者の氏名を具体的に記載しても差し支えありません。

8　相続開始後に死亡した相続人の表示

一覧図は、戸除籍謄抄本の記載から判明する被相続人の死亡時点の相続関係を表すものであるため、相続開始後に死亡した相続人があったとしても、その者は相続人として記載します。ただし、あくまでも被相続人の死亡時点の相続関係を表すものであるため、相続開始後に死亡した相続人の死亡年月日は記載されません。一覧図に当該

年月日を記載した場合は、訂正（削除）を求められます。

9　相続放棄・遺産分割の表示

一覧図は、あくまでも戸除籍謄抄本の記載から判明する相続関係を表すものであるため、戸除籍謄抄本の記載からは判明しない相続欠格や相続放棄の有無又は遺産分割協議の結果などは記載しません。これらを併記した場合は、たとえこれらの事由を証する書面を添付しても、訂正（削除）を求められます。

10　廃除された推定相続人の表示

一覧図は、戸除籍謄抄本の記載から判明する相続関係を表すものです。推定相続人の廃除の裁判が確定したときは、その旨が戸籍に記載されることになります。そのため、廃除された推定相続人は記載しません（基本通達第2　3(3)キ）。

なお、廃除された推定相続人に代襲者がいる場合、代襲者を記載する過程で廃除された推定相続人を「被代襲者」として表記することになりますが、その場合でも廃除された推定相続人の氏名は記載しません。

11　「嫡出子」「嫡出でない子」等の表示

民法の一部を改正する法律（平成25年法律第94号）を踏まえ、平成25年9月4日以前に開始した相続について、相続人たる被相続人の子が複数いる場合で、嫡出子と嫡出でない子を示す必要があるときは、嫡出子については、その両親の関係を表す線を二本線（二重線）とし、嫡出でない子については、その両親の関係を表す線は一本線とします（法務局ホームページ「主な法定相続情報一覧図の様式及び記載例」）。これは、相続人となるべきであった子が被相続人の死亡以前に死亡しており、当該子に代襲者が数人いて、当該代襲者が嫡出子か嫡出でない子かを示す必要がある場合も同様です（民901）。

＜本Caseにおいて代襲者が嫡出子か嫡出でない子かを示す必要がある場合の記載例＞

（2人とも嫡出子である場合）

（嫡出でない子がいる場合）

12　法定相続分の表示

　一覧図において相続分の表示は認められていません。相続人について、法定相続分を併記した場合には、訂正（削除）を求められます。

3　作成者の表示と押印

　一覧図には、作成の年月日を記載し、作成した申出人又はその代理人は、住所を記載し、記名押印（又は署名）します。代理人が戸籍法10条の2第3項に掲げる者である場合は、住所については事務所所在地とし、併せてその資格の名称も記載します（規則247③一、基本通達第2　3(3)オ）。

4　一覧図の印刷と余白

　一覧図は、A4縦の丈夫な用紙を使用します（基本通達第2　3(3)ケ）。なお、下から約5cmの範囲に認証文が付されますので、可能な限り下から約5cmの範囲には記載をしません（法務局ホームページ「主な法定相続情報一覧図の様式及び記載例」）。

必要書類

※内容が重複するもの又は他の者に係る証明書等で兼ねることができるものについては、重ねて取得する必要はありません。

書類名	必要な場合	取得先	☑
①　被相続人及び被代襲者の出生から死亡までの戸籍全部事項証明書（戸籍謄本）・除籍全部事項証明書（除籍謄本）	必　須	本籍地の市区町村役場	☐

② ①の一部が滅失しているときは、「除籍等の謄本が交付できない」旨の証明書	①の一部が滅失している場合	本籍地の市区町村役場	☐
③ 被相続人の住民票の除票の写し（又は戸籍の附票の写し） ※廃棄されている場合は、一覧図には被相続人の最後の住所の記載に代えて最後の本籍を記載する。	必　須	最後の住所地の市区町村役場（戸籍の附票の写しの場合は、本籍地の市区町村役場）	☐
④ 相続人である配偶者、子及び孫全員の戸籍全部（個人）事項証明書（戸籍謄抄本）	必　須	本籍地の市区町村役場	☐
⑤ 申出人の氏名・住所を確認できる公的証明書 （⑥と兼ねることができる。また、運転免許証や健康保険証でもよい。ただし、写しの場合は申出人の原本証明が必要。）	必　須	―	☐
⑥ 相続人である配偶者、子及び孫全員の住民票の写し（又は戸籍の附票の写し）	一覧図に相続人の住所を記載する場合	住所地の市区町村役場（戸籍の附票の写しの場合は、本籍地の市区町村役場）	☐
⑦ 委任状	委任による代理人が申出手続をする場合	作　成	☐
⑧ 士業団体所定の身分証明書の写し	戸籍法10条の2第3項に掲げる者（ただし、個人）が代理人となる場合	―	☐
⑨ 士業法人の登記事項証明書	士業法人が代理人となる場合	法務局	☐

第3章　第1　法定相続情報一覧図　　191

Case38　再代襲が生じ、法定相続情報一覧図が複数枚にわたる場合（配偶者及び複数の子がおり、子についての代襲者を更に代襲する場合）

作成時のポイント

```
    被相続人　春　野　太　郎　法定相続情報　1／2

最後の住所
○県○市○町○番○号
最後の本籍
○県○市○町○番地
出生　昭和○年○月○日
死亡　令和○年○月○日
（被相続人）
春　野　太　郎

                住所　○県○市○町○番○号
                出生　昭和○年○月○日
                （長男）
          ┌─ 春　野　一　郎（申出人）
          │
          └─ 被代襲者─────被代襲者───（2／2）①へ続く
            （昭和○年○月○日死亡）（平成○年○月○日死亡）

住所　○県○市○町○番○号
出生　昭和○年○月○日
（妻）
春　野　花　子


                以下余白
```

1
①再代襲相続である旨が示せているか
②複数枚にわたる一覧図のつながりが示せているか

2
①住民票の除票又は戸籍の附票記載のとおり正確な住所が記載されているか
②最後の住所が確認できない場合、又は任意で最後の本籍を併記する場合、戸籍記載のとおり正確な本籍地が記載されているか

3
①申出人の表示があるか
②相続分の表示や遺産分割、相続放棄の表示、相続開始後に死亡した相続人の死亡年月日など、不要な表示がないか
③相続開始前に死亡した推定相続人や廃除された推定相続人が記載されていないか
④相続人の続柄の表示が被相続人との続柄となっているか
⑤嫡出子と嫡出でない子を示す必要がある場合、それぞれの両親の関係が表示されているか

被相続人　春　野　太　郎　法定相続情報　2／2

住所　○県○市○町○番○号
出生　平成○年○月○日
（曾孫・代襲者）
① ——————— 春　野　　愛

以下余白

作成日：令和○年○月○日
作成者：司法書士　○○○○　印
事務所：○県○市○町○番○号

[3] ①相続分の表示や遺産分割、相続放棄の表示、相続開始後に死亡した相続人の死亡年月日など、不要な表示がないか
②相続開始前に死亡した推定相続人や廃除された推定相続人が記載されていないか
③相続人の続柄の表示が被相続人との続柄となっているか
④嫡出子と嫡出でない子を示す必要がある場合、それぞれの両親の関係が表示されているか

[4] 作成日の表示と作成者の記名押印（又は署名）、資格名の記載があるか

[5] 用紙の下部に余白があるか

第3章　第1　法定相続情報一覧図　　193

ポイント解説

1　再代襲相続の場合における一覧図の作成について

1　再代襲相続について

　相続人となるべき者（子）が、被相続人の相続開始以前に死亡（欠格・廃除）している場合で、相続人となるべきであった者に子がいるときは、その子（被相続人の孫）が代わりに相続人となります。これを「代襲相続人」といいます（民887②）。なお、実子と養子の区別はありません。また、子が数人いるときは共同で代襲相続人となります。

　また、法定相続人が直系卑属の場合であって、さらに上記の代襲相続人も被相続人の相続開始以前に死亡している場合には、当該代襲相続人の子が代わりに相続人となります。これを「再代襲相続人」といいます（民887③）。本Caseにおいては、曾孫の春野愛が該当します。

　ただし、被相続人の直系卑属でない者は代襲相続人（あるいは再代襲相続人）となれません（民887②ただし書）。例えば、相続人となるべきであった養子がその養子縁組をする前に生まれている当該養子の子は、被相続人との関係においては直系卑属には当たらないため代襲相続人にはなれません（大判昭7・5・11民集11・1062）。

　なお、相続人となるべき者が被相続人より先に死亡している代襲相続の場合は、後に死亡しているいわゆる数次相続の場合と異なり、相続人となるべきであった者に子がいない場合は、当該相続人となるべきであった者の相続人（例えば配偶者など）が被相続人の相続を受けることはありません。

2　一覧図に記載する相続人

　一覧図に記載する相続人は、相続開始の時における同順位の相続人とされています。そのため、たとえ被相続人の配偶者や子であった者でも相続開始の時において相続人でない者は記載することはできず、これを記載したときは訂正（削除）を求められます。

3　被代襲者の記載について

　相続人となるべきであった子に代襲者がいる場合は、当該子について、「被代襲者（年月日死亡）」などと記載した上で、代襲者を記載します。この場合、廃除による代襲を除き死亡による代襲の場合は、被代襲者の氏名を具体的に記載しても差し支えありません。

4　「嫡出子」「嫡出でない子」等の表示

　民法の一部を改正する法律（平成25年法律第94号）を踏まえ、平成25年9月4日以前に開始した相続について、相続人たる被相続人の子が複数いる場合で、嫡出子と嫡出でない子を示す必要があるときは、嫡出子については、その両親の関係を表す線を二本線（二重線）とし、嫡出でない子については、その両親の関係を表す線は一本線と

します（法務局ホームページ「主な法定相続情報一覧図の様式及び記載例」）。これは、相続人と
なるべきであった子が被相続人の死亡以前に死亡しており、当該子に代襲者が数人い
て、当該代襲者が嫡出子か嫡出でない子かを示す必要がある場合も同様です（民901）。

代襲者が嫡出子か嫡出でない子かを示す必要がある場合の記載例については、
Case37 **2** 11を参照してください。

5　一覧図が複数枚にわたる場合の一覧図の作成

一覧図は、Ａ4縦の丈夫な用紙を使用するとされている（基本通達第2　3(3)ケ）ので、
相続人が多数でＡ4縦の用紙1枚に記載できないときなどは、Ａ4縦の用紙を複数枚使
用して作成することになります。

6　表題の記載

一覧図が複数枚にわたる場合には、最初のページの表題に「被相続人○○○○法定
相続情報1／2」のように記載し、2ページ目には、前のページを受けて表題に「被相続
人○○○○法定相続情報2／2」のように記載します。

7　親族関係の表示

一覧図が複数枚にわたる場合に、親族関係のつながりを表示するには、最初のペー
ジの該当部分に「(2／2)①へ続く」、次ページには連続性が分かるように、該当する個
所に「①」などと記載してから関係性を示す線を結ぶようにします。

| 2 | 被相続人の表示 | →Case37 **1** 参照 |

| 3 | 相続人の表示 | →Case37 **2** 参照 |

| 4 | 作成者の表示と押印 | →Case37 **3** 参照 |

| 5 | 一覧図の印刷と余白 | →Case37 **4** 参照 |

必要書類

※内容が重複するもの又は他の者に係る証明書等で兼ねることができるものについては、
　重ねて取得する必要はありません。

書類名	必要な場合	取得先	☑
①　被相続人及び被代襲者の出生から死亡まで 　での戸籍全部事項証明書（戸籍謄本）・除籍 　全部事項証明書（除籍謄本）	必　須	本籍地の市区町 村役場	☐

② ①の一部が滅失しているときは、「除籍等の謄本が交付できない」旨の証明書	①の一部が滅失している場合	本籍地の市区町村役場	☐
③ 被相続人の住民票の除票の写し（又は戸籍の附票の写し） ※廃棄されている場合は、一覧図には被相続人の最後の住所の記載に代えて最後の本籍を記載する。	必　須	最後の住所地の市区町村役場（戸籍の附票の写しの場合は、本籍地の市区町村役場）	☐
④ 相続人である配偶者、子及び曾孫全員の戸籍全部（個人）事項証明書（戸籍謄抄本）	必　須	本籍地の市区町村役場	☐
⑤ 申出人の氏名・住所を確認できる公的証明書 （⑥と兼ねることができる。また、運転免許証や健康保険証でもよい。ただし、写しの場合は申出人の原本証明が必要。）	必　須	―	☐
⑥ 相続人である配偶者、子及び曾孫全員の住民票の写し（又は戸籍の附票の写し）	一覧図に相続人の住所を記載する場合	住所地の市区町村役場（戸籍の附票の写しの場合は、本籍地の市区町村役場）	☐
⑦ 委任状	委任による代理人が申出手続をする場合	作　成	☐
⑧ 士業団体所定の身分証明書の写し	戸籍法10条の2第3項に掲げる者（ただし、個人）が代理人となる場合	―	☐
⑨ 士業法人の登記事項証明書	士業法人が代理人となる場合	法務局	☐

11 数次相続が生じている場合

Case39 数次相続が生じている場合（相続発生後、被相続人の配偶者が死亡している場合）

作成時のポイント

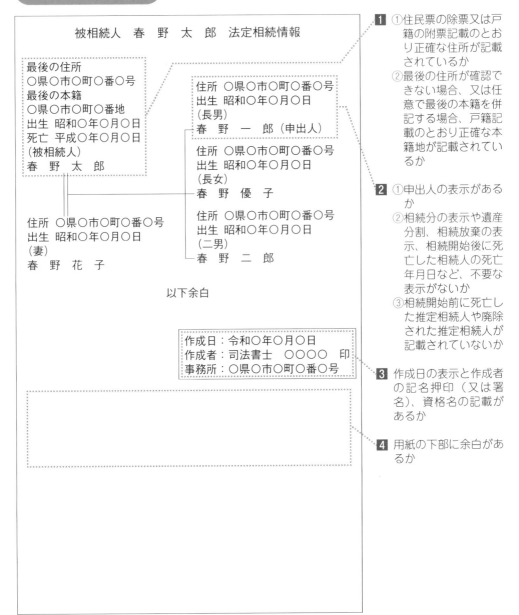

第3章 第1 法定相続情報一覧図　　　197

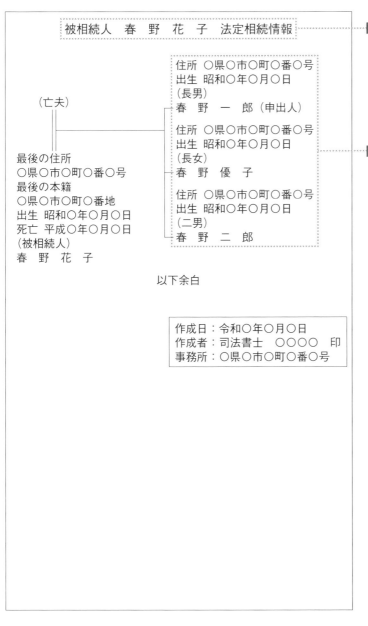

5 被相続人春野太郎の一覧図と別々に作成しているか

6 被相続人春野花子の死亡時に既に死亡している者が含まれていないか

ポイント解説

1 被相続人の表示

1 被相続人の表示項目

被相続人の氏名、生年月日、最後の住所及び死亡の年月日を記載し、被相続人の氏名には「被相続人」と併記します（規則247①一、基本通達第2 3(3)イ）。また、申出人の任意により、最後の住所に並べて最後の本籍を記載することもできます。

2 住所の表示

最後の住所は、住民票の除票（又は戸籍の附票）により確認して記載します。

また、申出人の任意により、最後の住所に並べて最後の本籍を記載することもできますが、住民票の除票等が市区町村において廃棄されている場合は、被相続人の最後の住所の記載に代えて最後の本籍を必ず記載しなければなりません（基本通達第2 3(3)コ）。

3 戸籍記載の氏名が誤字・俗字の場合

戸籍に記載されている被相続人や相続人の氏名が誤字・俗字である場合、一覧図に記載する氏名は、戸籍に記載のある文字と正字に引き直された文字のいずれでも差し支えないとされています。

2 相続人の表示

1 申出人の表示

一覧図の保管及び交付の申出ができるのは、相続人又は当該相続人の地位を相続により承継した者に限定されています。一覧図には申出人が記名することとされていますが、申出人が相続人として記載されている場合は、一覧図への申出人の記名は、当該相続人の氏名に「申出人」と併記することでも差し支えないとされています（規則247③一、基本通達第2 3(3)エ）。

2 相続人の表示項目

相続人の氏名、生年月日及び被相続人との続柄を記載します（規則247①二）。また、申出人の任意により、相続人の住所を記載することもできます。記載する場合は、住民票（又は戸籍の附票）等にあるとおり記載し、住民票等の提出が必要になります（規則247④）。

3 続柄の表示

(1) 続柄の表示方法

続柄の表示については、戸籍に記載される続柄を記載します。

したがって、被相続人の配偶者であれば「夫」や「妻」、子であれば「長男」、「長女」、「養子」などとします。

ただし、申出人の任意により、被相続人の配偶者が相続人である場合にその続柄を「配偶者」としたり、同じく子である場合に「子」とすることでも差し支えないとされています（基本通達第2 3(3)ウ）。

(2) 特別養子の表示方法

特別養子の場合は、戸籍に記載される続柄は「長男」、「長女」等となります。したがって、特別養子についても、原則どおり戸籍に記載される続柄を記載することになります。ただし、申出人の任意により「子」とすることも差し支えないとされています（基本通達第2 3(3)ウ）。

(3) 相続人たる子の表示方法

相続人たる子について、「実子」と記載することは認められていません。相続手続によっては、実子ではないが実子とみなされる者（特別養子）がいる場合があるところ、一般的に「実子」と記載した場合にこれが実子とみなされる者までを含む表現であるかどうかについては、必ずしも定着した取扱いがないと考えられています。そのため、「実子」と記載した場合には、戸籍に記載される続柄又は「子」に訂正を求められることになります。

(4) 相続人に嫡出でない子がいる場合の表示方法

相続人に嫡出でない子がおり、戸籍においては当該子の父母との続柄が「男」や「女」となっている場合、被相続人との続柄の表記については、原則として、戸籍の記載に基づき「男」や「女」と記載しますが、申出人の任意により「子」とすることも差し支えないとされています。ただし、「長男」や「二女」と記載した場合は、訂正を求められることになります。

なお、平成16年11月1日から、戸籍における嫡出でない子の父母との続柄欄の記載が、「男」や「女」でなく、「長男（長女）」、「二男（二女）」等と記載されることとなりました。

また、既に戸籍に記載されている嫡出でない子について、その父母との続柄欄の「男」又は「女」の記載を、「長男（二男）」、「長女（二女）」等に更正する申出をした場合は、続柄欄の記載が更正されることとなりました（平16・11・1民一3008）。

そのため、このような戸籍を添付する場合は、嫡出でない子であっても、「長男（二男）」、「長女（二女）」等と記載します。

4 戸籍記載の氏名が誤字・俗字の場合

1 3参照

5 一覧図に記載する相続人

一覧図に記載する相続人は、相続開始の時における同順位の相続人とされています。そのため、たとえ被相続人の配偶者や子であった者でも相続開始の時において相続人でない者は記載することはできず、これを記載をしたときは訂正（削除）を求められます。なお、当該子に代襲者がいる場合は、当該子について、「被代襲者（年月日死亡）」などと記載した上で、代襲者を記載します。この場合、廃除による代襲を除き死亡による代襲の場合は、被代襲者の氏名を具体的に記載しても差し支えありません。

6 同時死亡の場合

民法32条の2では、「数人の者が死亡した場合において、そのうちの一人が他の者の死亡後になお生存していたことが明らかでないときは、これらの者は、同時に死亡したものと推定する。」とされており、この場合、死亡者相互間では相続は生じないこととされています。したがって、同時に死亡した者相互間では、他の者が相続開始前に死亡した場合と同様、当該他の者は一覧図には記載しません。

ただし、例えば親子が同時に死亡した場合において孫などの直系卑属がいるときは、当該親子間では相続は生じませんが、当該孫などの直系卑属は代襲相続人になります（民887②）。これは、昭和37年の民法の一部改正で、「被相続人の子が、相続の『開始前』に死亡したとき……」という文言が『開始以前』と改められ、この中に同時死亡の場合も含むとされたためです。したがって、このような場合は、当該子について、「被代襲者（年月日死亡）」などと記載した上で、当該孫を代襲者として記載します。なお、死亡による代襲の場合は、被代襲者の氏名を具体的に記載しても差し支えありません。

7 相続開始後に死亡した相続人の表示

一覧図は、戸除籍謄抄本の記載から判明する被相続人の死亡時点の相続関係を表すものであるため、相続開始後に死亡した相続人があったとしても、その者は相続人として記載します。ただし、あくまでも被相続人の死亡時点の相続関係を表すものであるため、相続開始後に死亡した相続人の死亡年月日は記載されません。一覧図に当該年月日を記載した場合は、訂正（削除）を求められます。

8 相続放棄・遺産分割の表示

一覧図は、あくまでも戸除籍謄抄本の記載から判明する相続関係を表すものであるため、戸除籍謄抄本の記載からは判明しない相続欠格や相続放棄の有無又は遺産分割協議の結果などは記載しません。これらを併記した場合は、たとえこれらの事由を証する書面を添付しても、訂正（削除）を求められます。

9　廃除された推定相続人の表示

一覧図は、戸除籍謄抄本の記載から判明する相続関係を表すものです。推定相続人の廃除の裁判が確定したときは、その旨が戸籍に記載されることになります。そのため、廃除された推定相続人は記載しません（基本通達第2　3(3)キ）。

なお、廃除された推定相続人に代襲者がいる場合、代襲者を記載する過程で廃除された推定相続人を「被代襲者」として表記することになりますが、その場合でも廃除された推定相続人の氏名は記載しません。

10　「嫡出子」「嫡出でない子」等の表示

民法の一部を改正する法律（平成25年法律第94号）を踏まえ、平成25年9月4日以前に開始した相続について、相続人たる被相続人の子が複数いる場合で、嫡出子と嫡出でない子を示す必要があるときは、嫡出子については、その両親の関係を表す線を二本線（二重線）とし、嫡出でない子については、その両親の関係を表す線は一本線とします（法務局ホームページ「主な法定相続情報一覧図の様式及び記載例」）。

11　法定相続分の表示

一覧図において相続分の表示は認められていません。相続人について、法定相続分を併記した場合には、訂正（削除）を求められます。

３　作成者の表示と押印

一覧図には、作成の年月日を記載し、作成した申出人又はその代理人は、住所を記載し、記名押印（又は署名）します。代理人が戸籍法10条の2第3項に掲げる者である場合は、住所については事務所所在地とし、併せてその資格の名称も記載します（規則247③一、基本通達第2　3(3)オ）。

４　一覧図の印刷と余白

一覧図は、A4縦の丈夫な用紙を使用します（基本通達第2　3(3)ケ）。なお、下から約5cmの範囲に認証文が付されますので、可能な限り下から約5cmの範囲には記載をしません（法務局ホームページ「主な法定相続情報一覧図の様式及び記載例」）。

５　数次相続が生じている場合の一覧図の作成

数次相続とは、被相続人の死亡後、その遺産分割協議が行われるまでの間に更にその相続人が死亡し、次の相続が発生している状態をいいます。

一覧図は、戸除籍謄抄本の記載から分かる被相続人の死亡時点における同順位の相

続人(の氏名、生年月日、続柄)を表すものであるため、被相続人の死亡時点で存命していた相続人については、その後の死亡年月日を記載することはできません(注)。

したがって、被相続人春野太郎の死亡時には存命でその後に相続人である妻春野花子が死亡している場合には、被相続人春野太郎の一覧図には妻春野花子の死亡年月日を記載することなく、被相続人春野太郎の一覧図と被相続人春野花子の一覧図は別々に作成する必要があります。

(注) 誤ってこれを記載した場合、本Caseにおいて例えば春野花子に他に嫡出でない子がいたり、前夫との間に子がいるときであっても、これらの子は被相続人春野太郎の一覧図には記載できず、その結果、二次相続の被相続人春野花子は他に相続人となるべき子がなく死亡したとの誤解を与えその後の相続手続における業務過誤を誘発しかねません。したがって、これには十分な注意が必要です。

＜二次相続の被相続人春野花子に、前夫との間に子がいる場合の記載例＞

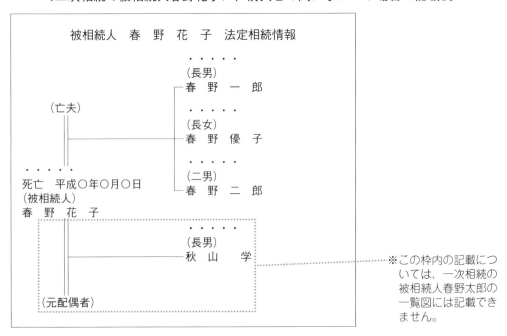

6 数次相続が生じている場合の一覧図に記載すべき相続人

被相続人春野太郎の一覧図には、被相続人春野太郎の死亡時点における相続人として春野花子を記載する必要があります。

被相続人春野花子の一覧図には、被相続人春野花子の死亡時には既に死亡している春野太郎を記載することはできません。

必要書類

※内容が重複するもの又は他の者に係る証明書等で兼ねることができるものについては、重ねて取得する必要はありません。

書類名	必要な場合	取得先	☑
① 被相続人春野太郎の出生から死亡までの戸籍全部事項証明書（戸籍謄本）・除籍全部事項証明書（除籍謄本）	必　須	本籍地の市区町村役場	☐
② 被相続人春野花子の出生から死亡までの戸籍全部事項証明書（戸籍謄本）・除籍全部事項証明書（除籍謄本）	必　須	本籍地の市区町村役場	☐
③ ①②の一部が滅失しているときは、「除籍等の謄本が交付できない」旨の証明書	①②の一部が滅失している場合	本籍地の市区町村役場	☐
④ 被相続人春野太郎の住民票の除票の写し（又は戸籍の附票の写し）※廃棄されている場合は、一覧図には被相続人の最後の住所の記載に代えて最後の本籍を記載する。	必　須	最後の住所地の市区町村役場（戸籍の附票の写しの場合は、本籍地の市区町村役場）	☐
⑤ 被相続人春野花子の住民票の除票の写し（又は戸籍の附票の写し）※廃棄されている場合は、一覧図には被相続人の最後の住所の記載に代えて最後の本籍を記載する。	必　須	最後の住所地の市区町村役場（戸籍の附票の写しの場合は、本籍地の市区町村役場）	☐
⑥ 相続人である子全員の戸籍全部（個人）事項証明書（戸籍謄抄本）	必　須	本籍地の市区町村役場	☐
⑦ 申出人の氏名・住所を確認できる公的証明書（⑧と兼ねることができる。また、運転免許証や健康保険証でもよい。ただし、写しの場合は申出人の原本証明が必要。）	必　須	－	☐
⑧ 相続人である子全員の住民票の写し（又は戸籍の附票の写し）	一覧図に相続人の住所を記載する場合	住所地の市区町村役場（戸籍の附票の写しの場	☐

			合は、本籍地の 市区町村役場）	
⑨	委任状	委任による代理人 が申出手続をする 場合	作　成	☐
⑩	士業団体所定の身分証明書の写し	戸籍法10条の2第3 項に掲げる者（た だし、個人）が代 理人となる場合	―	☐
⑪	士業法人の登記事項証明書	士業法人が代理人 となる場合	法務局	☐

Case40 数次相続が生じている場合（相続発生後、配偶者及び子が順次死亡している場合）

作成時のポイント

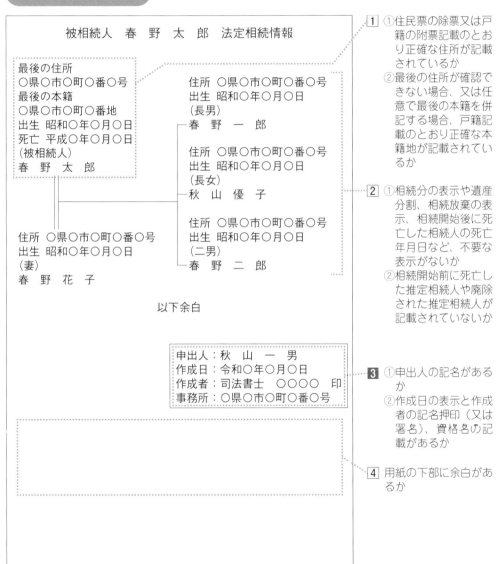

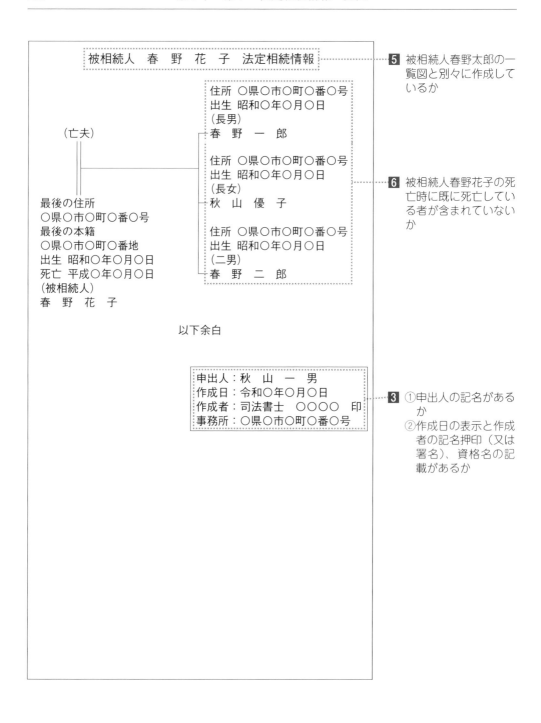

第3章 第1 法定相続情報一覧図

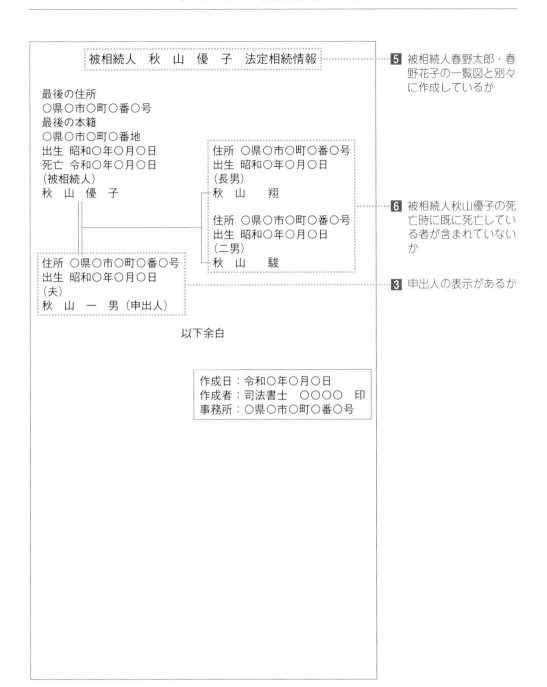

ポイント解説

1 被相続人の表示　　→Case39 **1** 参照

2 相続人の表示　　→Case39 **2** 参照

3 申出人の表示と作成者の表示・押印

1 申出人の表示

　一覧図の保管及び交付の申出ができるのは、相続人又は当該相続人の地位を相続により承継した者に限定されています。

　本Caseは、被相続人春野太郎の相続人である亡長女秋山優子の夫秋山一男が、それぞれの一覧図の保管及び交付の申出をすることを想定したものです。

　一覧図には申出人が記名することとされていますが、申出人が相続人として記載されている場合は、一覧図への申出人の記名は、当該相続人の氏名に「申出人」と併記することでも差し支えないとされています（規則247③一、基本通達第2　3(3)エ）。ただし、一覧図に申出人が相続人として記載されていない場合は、本Caseの春野太郎及び春野花子が被相続人の一覧図のように記載します。

2 作成者の表示と押印

　一覧図には、作成の年月日を記載し、作成した申出人又はその代理人は、住所を記載し、記名押印（又は署名）します。代理人が戸籍法10条の2第3項に掲げる者である場合は、住所については事務所所在地とし、併せてその資格の名称も記載します（規則247③一、基本通達第2　3(3)オ）。

4 一覧図の印刷と余白　　→Case39 **4** 参照

5 数次相続が生じている場合の一覧図の作成

　数次相続とは、被相続人の死亡後、その遺産分割協議が行われるまでの間に更にその相続人が死亡し、次の相続が発生している状態をいいます。

　一覧図は、戸除籍謄抄本の記載から分かる被相続人の死亡時点における同順位の相続人（の氏名、生年月日、続柄）を表すものであるため、被相続人の死亡時点で存命していた相続人については、その後の死亡年月日を記載することはできません（注）。

　したがって、被相続人春野太郎の死亡時には存命でその後に相続人である妻春野花子が死亡し、さらにその後、相続人である子秋山優子が死亡している場合には、それぞれの相続人の死亡年月日を記載することなく、被相続人春野太郎の一覧図と被相続

第3章　第1　法定相続情報一覧図　　209

人春野花子、また被相続人秋山優子の一覧図は別々に作成する必要があります。

（注）　誤ってこれを記載した場合、本Caseにおける被相続人春野太郎の一覧図では、三次相
　　　続の被相続人秋山優子は相続人となるべき夫も子もなく死亡したとの誤解を与えその
　　　後の相続手続における業務過誤を誘発しかねません。したがって、これには十分な注意
　　　が必要です。

6　**数次相続が生じている場合の一覧図に記載すべき相続人**

　被相続人春野太郎の一覧図には、被相続人春野太郎の死亡時点における相続人とし
て春野花子と秋山優子を記載する必要があります。

　被相続人春野花子の一覧図には、被相続人春野花子の死亡時点における相続人とし
て秋山優子を記載する必要がありますが、被相続人春野花子の死亡時には既に死亡し
ている春野太郎を記載することはできません。

必要書類

※内容が重複するもの又は他の者に係る証明書等で兼ねることができるものについては、
　重ねて取得する必要はありません。

書類名	必要な場合	取得先	☑
①　被相続人春野太郎の出生から死亡までの戸籍全部事項証明書（戸籍謄本）・除籍全部事項証明書（除籍謄本）	必　須	本籍地の市区町村役場	☐
②　被相続人春野花子の出生から死亡までの戸籍全部事項証明書（戸籍謄本）・除籍全部事項証明書（除籍謄本）	必　須	本籍地の市区町村役場	☐
③　被相続人秋山優子の出生から死亡までの戸籍全部事項証明書（戸籍謄本）除籍全部事項証明書（除籍謄本）	必　須	本籍地の市区町村役場	☐
④　①②③の一部が滅失しているときは、「除籍等の謄本が交付できない」旨の証明書	①②③の一部が滅失している場合	本籍地の市区町村役場	☐
⑤　被相続人春野太郎の住民票の除票の写し（又は戸籍の附票の写し） ※廃棄されている場合は、一覧図には被相続人の最後の住所の記載に代えて最後の本籍を記載する。	必　須	最後の住所地の市区町村役場（戸籍の附票の写しの場合は、本籍地の市区町村役場）	☐

⑥ 被相続人春野花子の住民票の除票の写し（又は戸籍の附票の写し）※廃棄されている場合は、一覧図には被相続人の最後の住所の記載に代えて最後の本籍を記載する。	必　須	最後の住所地の市区町村役場（戸籍の附票の写しの場合は、本籍地の市区町村役場）	☐
⑦ 被相続人秋山優子の住民票の除票の写し（又は戸籍の附票の写し）※廃棄されている場合は、一覧図には被相続人の最後の住所の記載に代えて最後の本籍を記載する。	必　須	最後の住所地の市区町村役場（戸籍の附票の写しの場合は、本籍地の市区町村役場）	☐
⑧ 各相続において相続人となる配偶者及び子全員の戸籍全部（個人）事項証明書（戸籍謄抄本）	必　須	本籍地の市区町村役場	☐
⑨ 申出人の氏名・住所を確認できる公的証明書（⑩と兼ねることができる。また、運転免許証や健康保険証でもよい。ただし、写しの場合は申出人の原本証明が必要。）	必　須	－	☐
⑩ 各相続において相続人となる配偶者及び子全員の住民票の写し（又は戸籍の附票の写し）	一覧図に相続人の住所を記載する場合	住所地の市区町村役場（戸籍の附票の写しの場合は、本籍地の市区町村役場）	☐
⑪ 委任状	委任による代理人が申出手続をする場合	作　成	☐
⑫ 士業団体所定の身分証明書の写し	戸籍法10条の2第3項に掲げる者（ただし、個人）が代理人となる場合	－	☐
⑬ 士業法人の登記事項証明書	士業法人が代理人となる場合	法務局	☐

第3章 第2 法定相続情報一覧図の保管及び交付の申出書　　211

第2　法定相続情報一覧図の保管及び交付の申出書

Case41　相続人1人が申出をする場合（被相続人名義の不動産がない場合）

作成時のポイント

法定相続情報一覧図の保管及び交付の申出書

（補完年月日　令和　　年　　月　　日）

申　出　年　月　日 ⬛1	令和〇年〇月〇日	法定相続情報番号	－　　－

被相続人の表示 ⬛2	氏　　　名　春　野　太　郎 最後の住所　〇県〇市〇町〇番〇号 生 年 月 日　昭和〇年〇月〇日 死亡年月日　令和〇年〇月〇日
申 出 人 の 表 示 ⬛3	住所　〇県〇市〇町〇番〇号 氏名　春　野　一　郎 連絡先　　〇〇〇－〇〇〇－〇〇〇〇 被相続人との続柄　（　　　　子　　　　）
代 理 人 の 表 示 ⬛4	住所（事務所）　〇県〇市〇町〇番〇号 氏名　司法書士　〇〇〇〇　㊞ 連絡先　〇〇〇－〇〇〇－〇〇〇〇 申出人との関係　　☐法定代理人　　☑委任による代理人
利　　用　　目　　的 ⬛5	☐不動産登記　☑預貯金の払戻し　☐相続税の申告 ☐その他（　　　　　　　　　　　　　　　　　　　　　　　　　）
必要な写しの通数・交付方法 ⬛6	〇通　　　（　☑窓口で受取　　☐郵送　） ※郵送の場合，送付先は申出人（又は代理人）の表示欄にある住所（事務所）となる。
被相続人名義の不動産の有無 ⬛7	☐有　　　（有の場合，不動産所在事項又は不動産番号を以下に記載する。） ☑無
申出先登記所の種別 ⬛8	☐被相続人の本籍地　　　☐被相続人の最後の住所地 ☑申出人の住所地　　　　☐被相続人名義の不動産の所在地

212　第3章　第2　法定相続情報一覧図の保管及び交付の申出書

　　上記被相続人の法定相続情報一覧図を別添のとおり提出し，上記通数の一覧図の写しの交付を申出します。交付を受けた一覧図の写しについては，相続手続においてのみ使用し，その他の用途には使用しません。
　　申出の日から3か月以内に一覧図の写し及び返却書類を受け取らない場合は，廃棄して差し支えありません。

　　　　　　○○（地方）法務局　　　　　○○　支局・出張所　　　　　宛　9

※受領確認書類（不動産登記規則第247条第6項の規定により返却する書類に限る。）
戸籍（個人）全部事項証明書（　　通），除籍事項証明書（　　通），戸籍謄本（　　通）
除籍謄本（　　通），改製原戸籍謄本（　　通），戸籍の附票の写し（　　通）
戸籍の附票の除票の写し（　　通），住民票の写し（　　通），住民票の除票の写し（　　通）

受領	確認1	確認2	スキャナ・入力	交付		受取

※黒太枠内の事項を記入します。

ポイント解説

1　申出年月日

　申出をする年月日を記入します（規則247②六）。この日が登記所における一覧図の写しの作成基準日となります。

　ただし，郵送による申出の場合は，申出書に記入した日ではなく，登記所が申出書及び添付書面を受領した日が申出日となります。また，申出書や一覧図に誤りがあったり添付書面に不足があったりした場合は，これらを補完した日に申出があったものとみなされることになります（基本通達第2　7(4)イ(ア)）。そして，これらの日付が一覧図の写しに付記される認証文における「申出のあった日」となります。

2　被相続人の表示

　被相続人の氏名，最後の住所，生年月日及び死亡年月日を記入します。住民票の除票等が市区町村において廃棄されている場合は，被相続人の最後の住所に代えて最後の本籍を記載します（基本通達第2　5(2)）。

3　申出人の表示

　申出人の住所，氏名，連絡先及び被相続人との続柄を記入し（規則247②一），押印します（規則247③本文）。被相続人との続柄は，必ずしも戸籍どおりに記載する必要はな

く「子」等の表記で足ります。代理人が申出をする場合には、押印は不要です。

4 代理人の表示

代理人の住所、氏名又は名称、連絡先、代理人が法人であるときはその代表者の氏名を記入し、申出人との関係が法定代理人・委任による代理人のどちらであるかをチェックします（規則247②二）。戸籍法10条の2第3項に掲げる代理人の場合は、事務所と資格名・氏名を記入し、押印します（認め印で可ですが、登記所の窓口で一覧図の写しの交付及び添付書面の返却を受ける際は、同一の印を申出書の「受取」欄に押印する必要があります（基本通達第2 7(5)ア)。）。

委任状については、後掲【書式】法定相続情報一覧図の保管及び交付の申出の委任状を参照してください。

5 利用目的

一覧図の写しの利用目的をチェックします（規則247②三）。登記官は、申出書に記載された利用目的が相続に起因する登記その他の手続に係るものであり、その提出先が推認できることを確認します。また、その利用目的に鑑みて交付を求める通数が合理的な範囲内であることも確認します（基本通達第2 4(4)）。そのため、「その他」欄に記入する場合は、単に「相続手続」等と記載するだけでは登記官が提出先を推認することができないため、具体的な相続手続の名称（例えば「株式の相続手続」等）を記入します。

6 必要な写しの通数・交付方法

一覧図の写しの必要通数を記入し（規則247②四）、一覧図の写しの交付及び添付書面の返却方法にチェックします（規則247②七）。窓口で受け取るときは、申出書の「申出人の表示」又は「代理人の表示」欄に押印したものと同一の印を申出書の「受取」欄に押印することになります。郵送で受け取るときは、返信用封筒と郵便切手が必要になります。この場合の郵便は、書留郵便等発送記録が残る方法が望ましいとされています。

7 被相続人名義の不動産の有無

本Caseでは被相続人名義の不動産はないので、「無」にチェックします（規則247②五）。

8 申出先登記所の種別

申出をする登記所は、以下の地を管轄する不動産登記事務を取り扱う登記所です（規則247①本文）。複数に該当する場合でも、優先順位はないのでいずれか一つを選択することで足ります。

① 被相続人の本籍地（死亡時の本籍）

② 被相続人の最後の住所地

③ 申出人の住所地

④ 被相続人名義の不動産の所在地（本Caseでは「被相続人名義の不動産の有無」欄で「無」にチェックしているので、これを選択することはできません。）

9 法務局

申出をする登記所名を具体的に記入します。

【書式】法定相続情報一覧図の保管及び交付の申出の委任状

委 任 状

（代理人）

住　所　　〇県〇市〇町〇番〇号

氏　名　　司法書士　〇〇〇〇

私は，上記の者に対し，以下の被相続人の相続に係る次の権限を委任する。

1　法定相続情報一覧図を作成すること
2　法定相続情報一覧図の保管及び一覧図の写しの交付の申出をすること
3　法定相続情報一覧図の写し及び返却される添付書面を受領すること
4　上記1から3までのほか，法定相続情報一覧図の保管及び一覧図の写しの交付の申出に関して必要な一切の権限

被相続人の最後の住所（又は本籍）
　　〇県〇市〇町〇番〇号
被相続人の氏名
　　春野　太郎
死亡年月日
　　令和〇年〇月〇日

令和〇年〇月〇日
　　　　　（委任者）
　　　　　　　住　所　　〇県〇市〇町〇番〇号
　　　　　　　氏　名　　春野　一郎　　　　　　　㊞

216　　第3章　第2　法定相続情報一覧図の保管及び交付の申出書

Case42　相続人1人が申出をする場合（被相続人名義の不動産がある場合）

作成時のポイント

法定相続情報一覧図の保管及び交付の申出書

（補完年月日　令和　　年　　月　　日）

申出年月日 1	令和○年○月○日	法定相続情報番号	－ 　 －
被相続人の表示 2	氏　　　名　春　野　太　郎 最後の住所　○県○市○町○番○号 生年月日　昭和○年○月○日 死亡年月日　令和○年○月○日		
申出人の表示 3	住所　○県○市○町○番○号 氏名　春　野　一　郎 連絡先　○○○－○○○－○○○○ 被相続人との続柄　（　　　子　　　）		
代理人の表示 4	住所（事務所）　○県○市○町○番○号 氏名　司法書士　○○○○　㊞ 連絡先　○○○－○○○－○○○○ 申出人との関係　　□法定代理人　　☑委任による代理人		
利用目的 5	☑不動産登記　☑預貯金の払戻し　□相続税の申告 □その他（　　　　　　　　　　　　　　　　　　　　　）		
必要な写しの通数・交付方法 6	○通　　（　☑窓口で受取　　□郵送　） ※郵送の場合，送付先は申出人（又は代理人）の表示欄にある住所（事務所）となる。		
被相続人名義の不動産の有無 7	☑有 □無	（有の場合，不動産所在事項又は不動産番号を以下に記載する。） ○県○市○町○番（土地）	
申出先登記所の種別 8	□被相続人の本籍地　　　□被相続人の最後の住所地 □申出人の住所地　　　　☑被相続人名義の不動産の所在地		

第3章　第2　法定相続情報一覧図の保管及び交付の申出書　　217

　　上記被相続人の法定相続情報一覧図を別添のとおり提出し，上記通数の一覧図の写しの交付を申出します。交付を受けた一覧図の写しについては，相続手続においてのみ使用し，その他の用途には使用しません。
　　申出の日から3か月以内に一覧図の写し及び返却書類を受け取らない場合は，廃棄して差し支えありません。

　　　　　　　　　○○（地方）法務局　　　　　　○○　支局・出張所　　　　　　宛　⑨

※受領確認書類（不動産登記規則第247条第6項の規定により返却する書類に限る。）
戸籍（個人）全部事項証明書（　　　通），除籍事項証明書（　　　通），戸籍謄本（　　通）
除籍謄本（　　　通），改製原戸籍謄本（　　　通），戸籍の附票の写し（　　　通）
戸籍の附票の除票の写し（　　　通），住民票の写し（　　　通），住民票の除票の写し（　　　通）

受領	確認1	確認2	スキャナ・入力	交付		受取

※黒太枠内の事項を記入します。

（ ポイント解説 ）

1　申出年月日　　→Case41 **1** 参照

2　被相続人の表示　　→Case41 **2** 参照

3　申出人の表示　　→Case41 **3** 参照

4　代理人の表示　　→Case41 **4** 参照

5　利用目的　　→Case41 **5** 参照

6　必要な写しの通数・交付方法　　→Case41 **6** 参照

7　被相続人名義の不動産の有無

　被相続人名義の不動産の有無をチェックします。「有」にチェックした場合は、不動産所在事項（「○県○市○町○番（土地）」「○県○市○町○番地　家屋番号○番（建物）」等、不動産を特定できるように）又は不動産番号を記入します（規則247②五）。不動産が複数ある場合でも、任意の一つを記入すれば足ります。なお、「申出先登記所の種別」

欄で「被相続人名義の不動産の所在地」を選択した場合は、当該登記所の管轄区域内の不動産所在事項又は不動産番号を記載する必要があります（基本通達第2　4(5)）。

8　申出先登記所の種別　　→Case41 **8** 参照

9　法務局　　→Case41 **9** 参照

第3章 第2 法定相続情報一覧図の保管及び交付の申出書 219

Case43　複数の相続人が連名で申出をする場合

作成時のポイント

法定相続情報一覧図の保管及び交付の申出書

（補完年月日　令和　　年　　月　　日）

申 出 年 月 日 [1]	令和○年○月○日	法定相続情報番号	－　　　－
被相続人の表示 [2]	氏　　　名　春　野　太　郎 最後の住所　○県○市○町○番○号 生 年 月 日　昭和○年○月○日 死亡年月日　令和○年○月○日		
申 出 人 の 表 示 [3]	住所 氏名　　　　別紙記載のとおり 連絡先　　　　　－　　　　－ 被相続人との続柄　（　　　　　　　　　）		
代 理 人 の 表 示 [4]	住所（事務所）　○県○市○町○番○号 氏名　司法書士　○○○○　㊞ 連絡先　○○○－○○○－○○○○ 申出人との関係　　□法定代理人　　☑委任による代理人		
利　　用　　目　　的 [5]	☑不動産登記　☑預貯金の払戻し　□相続税の申告 □その他（　　　　　　　　　　　　　　　　　　　　）		
必 要 な 写 し の 通 数・交付方法 [6]	○通　　（ ☑窓口で受取　　□郵送 ） ※郵送の場合，送付先は申出人（又は代理人）の表示欄にある住所（事務所）となる。		
被相続人名義の 不動産の有無 [7]	☑有 □無	（有の場合，不動産所在事項又は不動産番号を以下に記載する。） ○県○市○町○番（土地）	
申出先登記所の 種別　　　　[8]	□被相続人の本籍地　　　□被相続人の最後の住所地 ☑申出人の住所地　　　　☑被相続人名義の不動産の所在地		

　上記被相続人の法定相続情報一覧図を別添のとおり提出し，上記通数の一覧図の写しの交付を申出します。交付を受けた一覧図の写しについては，相続手続においてのみ使用し，その他の用途には使用しません。
　申出の日から3か月以内に一覧図の写し及び返却書類を受け取らない場合は，廃棄して差し支えありません。

　　　　　○○（地方）法務局　　　　　○○　支局・出張所　　　　　　　宛 [9]

220　第3章　第2　法定相続情報一覧図の保管及び交付の申出書

```
※受領確認書類（不動産登記規則第247条第6項の規定により返却する書類に限る。）
戸籍（個人）全部事項証明書（　　通），除籍事項証明書（　　通），戸籍謄本（　　通）
除籍謄本（　　通），改製原戸籍謄本（　　通），戸籍の附票の写し（　　通）
戸籍の附票の除票の写し（　　通），住民票の写し（　　通），住民票の除票の写し（　　通）
```

受領	確認1	確認2	スキャナ・入力	交付		受取

※黒太枠内の事項を記入します。

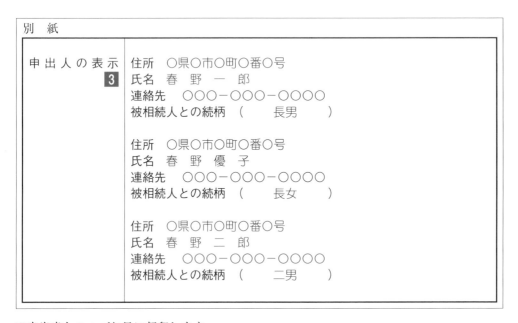

※申出書とのつづり目に契印します。

ポイント解説

1　申出年月日　　→Case41 1 参照

2　被相続人の表示　　→Case41 2 参照

3　申出人の表示

　申出人の住所、氏名、連絡先及び被相続人との続柄を記入し（規則247②一）、押印し

ます（規則247③本文）。複数人で申出をするときは、その全員を記入します。この欄に書き切れないときは、「別紙記載のとおり」等と記載した上で、別紙に記載します。この別紙と申出書との間には契印が必要です。被相続人との続柄は、必ずしも戸籍どおりに記載する必要はなく、「子」等の表記で足ります。代理人が申出をする場合には、押印は不要です。

4 　代理人の表示　　→Case41 4 参照

5 　利用目的　　→Case41 5 参照

6 　必要な写しの通数・交付方法　　→Case41 6 参照

7 　被相続人名義の不動産の有無　　→Case42 7 参照

8 　申出先登記所の種別

　申出をする登記所は、以下の地を管轄する不動産登記事務を取り扱う登記所です（規則247①本文）。複数に該当する場合でも、優先順位はないのでいずれか一つを選択することで足ります。

①　被相続人の本籍地（死亡時の本籍）
②　被相続人の最後の住所地
③　申出人の住所地
④　被相続人名義の不動産の所在地

　なお、複数人による申出において、申出人の住所地を管轄する登記所が申出人によって異なる場合は、申出人のいずれか一人の住所地を管轄とする登記所に申出をすることができるとされています。

9 　法務局　　→Case41 9 参照

222　第3章　第2　法定相続情報一覧図の保管及び交付の申出書

Case44　数次相続が生じている場合

作成時のポイント

法定相続情報一覧図の保管及び交付の申出書

（補完年月日　令和　　年　　月　　日）

申 出 年 月 日 ⓵	令和○年○月○日	法定相続情報番号	-　　-

被相続人の表示 ⓶	氏　　　名　春　野　太　郎 最後の住所　○県○市○町○番○号 生 年 月 日　昭和○年○月○日 死亡年月日　平成○年○月○日
申 出 人 の 表 示 ⓷	住所　○県○市○町○番○号 氏名　秋　山　一　男 連絡先　○○○－○○○－○○○○ 被相続人との続柄　（　　長女の夫　　）
代 理 人 の 表 示 ⓸	住所（事務所）　○県○市○町○番○号 氏名　司法書士　○○○○　㊞ 連絡先　○○○－○○○－○○○○ 申出人との関係　　□法定代理人　　☑委任による代理人
利 用 目 的 ⓹	☑不動産登記　☑預貯金の払戻し　□相続税の申告 □その他　（　　　　　　　　　　　　　　　　　　　　　）
必要な写しの通 数・交付方法 ⓺	○通　　（　☑窓口で受取　　□郵送　） ※郵送の場合，送付先は申出人（又は代理人）の表示欄にある住所（事務所）となる。
被相続人名義の 不動産の有無 ⓻	☑有　（有の場合，不動産所在事項又は不動産番号を以下に記載する。） □無　○県○市○町○番（土地）
申出先登記所の 種別　　　　 ⓼	□被相続人の本籍地　　　□被相続人の最後の住所地 □申出人の住所地　　　　☑被相続人名義の不動産の所在地

　上記被相続人の法定相続情報一覧図を別添のとおり提出し，上記通数の一覧図の写しの交付を申出します。交付を受けた一覧図の写しについては，相続手続においてのみ使用し，その他の用途には使用しません。
　申出の日から3か月以内に一覧図の写し及び返却書類を受け取らない場合は，廃棄して差し支えありません。

　　　　○○（地方）法務局　　　　　○○　支局・出張所　　　　　　宛　⓽

第3章　第2　法定相続情報一覧図の保管及び交付の申出書　　　223

※受領確認書類 (不動産登記規則第247条第6項の規定により返却する書類に限る。)
戸籍（個人）全部事項証明書（　　通），除籍事項証明書（　　通），戸籍謄本（　　通）
除籍謄本（　　通），改製原戸籍謄本（　　通），戸籍の附票の写し（　　通）
戸籍の附票の除票の写し（　　通），住民票の写し（　　通），住民票の除票の写し（　　通）

受領	確認1	確認2	スキャナ・入力	交付		受取

※黒太枠内の事項を記入します。

法定相続情報一覧図の保管及び交付の申出書

（補完年月日　令和　　年　　月　　日）

申 出 年 月 日 1	令和○年○月○日	法定相続情報番号	-　　-

被相続人の表示 2	氏　　名　秋　山　優　子 最後の住所　○県○市○町○番○号 生 年 月 日　昭和○年○月○日 死亡年月日　令和○年○月○日

申 出 人 の 表 示 3	住所　○県○市○町○番○号 氏名　秋　山　一　男 連絡先　○○○－○○○－○○○○ 被相続人との続柄　（　　　夫　　　）

代 理 人 の 表 示 4	住所（事務所）　○県○市○町○番○号 氏名　司法書十　○○○○　㊞ 連絡先　○○○－○○○－○○○○ 申出人との関係　□法定代理人　☑委任による代理人

利 用 目 的 5	☑不動産登記　☑預貯金の払戻し　□相続税の申告 □その他（　　　　　　　　　　　　　　　　　　　　　）

必要な写しの通数・交付方法 6	○通　　（　☑窓口で受取　　□郵送　） ※郵送の場合，送付先は申出人（又は代理人）の表示欄にある住所（事務所）となる。

被相続人名義の不動産の有無 7	□有 ☑無	（有の場合，不動産所在事項又は不動産番号を以下に記載する。）

申出先登記所の種別 8	□被相続人の本籍地　　　□被相続人の最後の住所地 □申出人の住所地　　　　□被相続人名義の不動産の所在地

> 　上記被相続人の法定相続情報一覧図を別添のとおり提出し，上記通数の一覧図の写しの交付を申出します。交付を受けた一覧図の写しについては，相続手続においてのみ使用し，その他の用途には使用しません。
> 　申出の日から3か月以内に一覧図の写し及び返却書類を受け取らない場合は，廃棄して差し支えありません。
>
> 　　　　　○○（地方）法務局　　　　　　○○　支局・出張所　　　　　宛　9

※受領確認書類 (不動産登記規則第247条第6項の規定により返却する書類に限る。)
戸籍（個人）全部事項証明書（　　通），除籍事項証明書（　　通），戸籍謄本（　　通）
除籍謄本（　　通），改製原戸籍謄本（　　通），戸籍の附票の写し（　　通）
戸籍の附票の除票の写し（　　通），住民票の写し（　　通），住民票の除票の写し（　　通）

受領	確認1	確認2	スキャナ・入力	交付		受取

※黒太枠内の事項を記入します。

⬤ ポイント解説

1　申出年月日　　→Case41　**1**　参照

2　被相続人の表示

　1　数次相続が生じている場合

　一覧図には、相続開始の時における同順位の相続人の氏名等が記載されます。したがって、数次相続が生じている場合は、被相続人一人につき一つの申出書を作成することになります（基本通達第2　3(4)）。

　ただし、数次相続における複数の被相続人に係る申出を同時にする場合、添付書面たる戸除籍謄抄本の一部がそれぞれの申出において兼ねられるときは、当該戸除籍謄抄本については複数の申出を通じて1通の添付があれば足りるとされています。

　2　被相続人の表示

　被相続人の氏名、最後の住所、生年月日及び死亡年月日を記入します。住民票の除票等が市区町村において廃棄されている場合は、被相続人の最後の住所に代えて最後の本籍を記載します（基本通達第2　5(2)）。

3　申出人の表示

1　数次相続が生じている場合

一覧図の保管及び交付の申出ができるのは、相続人又は当該相続人の地位を相続により承継した者とされています（規則247①本文）。当該相続人の地位を相続により承継した者とは、いわゆる数次相続が生じている場合の相続人が該当します（基本通達第2 3(1)）。本Caseは、被相続人春野太郎の相続人である亡長女秋山優子の夫秋山一男がそれぞれの一覧図の保管及び交付の申出をすることを想定したものです。

申出人が相続人の地位を相続により承継した者であるときは、これを証する書面を添付することとされており（規則247③五）、この書面には、当該申出人の戸籍謄抄本等が該当しますが、申出書の添付書面として提出した戸除籍謄抄本により申出人が相続人の地位を相続により承継したことを確認することができるときは、添付を要しないとされています（基本通達第2 5(3)）。

2　申出人の表示

申出人の住所、氏名、連絡先及び被相続人との続柄を記入し（規則247②一）、押印します（規則247③本文）。被相続人との続柄は、必ずしも戸籍どおりに記載する必要はなく「子の夫」等の表記でも差し支えありません。代理人が申出をする場合には、押印は不要です。

4　代理人の表示　　→Case41 4 参照

5　利用目的　　→Case41 5 参照

6　必要な写しの通数・交付方法　　→Case41 6 参照

7　被相続人名義の不動産の有無　　→Case42 7 参照

8　申出先登記所の種別

申出をする登記所は、以下の地を管轄する不動産登記事務を取り扱う登記所です（規則247①本文）。複数に該当する場合でも、優先順位はないのでいずれか一つを選択します。

① 被相続人の本籍地（死亡時の本籍）

② 被相続人の最後の住所地

③ 申出人の住所地

④ 被相続人名義の不動産の所在地

なお、数次相続において、それぞれの相続に係る申出先登記所が異なる場合（例えば、一次相続において、その被相続人Ａが所有権の登記名義人となっている不動産を管轄する甲登記所に申出をしようとした場合に、二次相続の被相続人Ｂについては、上記①から④の申出先登記所のいずれにも甲登記所が当たらない場合など）は、各次の相続に係る申出を併せてする場合に限り、一次相続（又は二次相続）に係る申出先登記所に対して二次相続（又は一次相続）に係る申出をすることができるとされています。

9　法務局　　→Case41 9 参照

第3 法定相続情報一覧図の写しの再交付の申出書

Case45 当初の申出人が再交付の申出をする場合

作成時のポイント

法定相続情報一覧図の再交付の申出書

再交付申出年月日 **1**	令和○年○月○日	法定相続情報番号	- -

被相続人の表示 **2**	氏　　　名　春　野　太　郎 最後の住所　○県○市○町○番○号 生 年 月 日　昭和○年○月○日 死亡年月日　令和○年○月○日

申 出 人 の 表 示 **3**	住所　○県○市○町○番○号 氏名　春　野　一　郎 連絡先　○○○－○○○－○○○○ 被相続人との続柄　（　　　子　　　）

代 理 人 の 表 示 **4**	住所（事務所）　○県○市○町○番○号 氏名　司法書士　○○○○　㊞ 連絡先　○○○－○○○－○○○○ 申出人との関係　　□法定代理人　　☑委任による代理人

利　　用　　目　　的 **5**	☑不動産登記　☑預貯金の払戻し　□相続税の申告 □その他（　　　　　　　　　　　　　　　　　　　）

必要な写しの通数・交付方法 **6**	○通　　（　☑窓口で受取　　□郵送　） ※郵送の場合，送付先は申出人（又は代理人）の表示欄にある住所（事務所）となる。

　上記通数の法定相続情報一覧図の写しの再交付を申出します。交付を受けた一覧図の写しについては，相続手続においてのみ使用し，その他の用途には使用しません。3か月以内に一覧図の写しを受け取らない場合は，廃棄して差し支えありません。

　　　　　○○（地方）法務局　　　　　　○○　支局・出張所　　　　宛 **7**

受領	確認	交付		受取

※黒太枠内の事項を記入します。

228　第3章　第3　法定相続情報一覧図の写しの再交付の申出書

ポイント解説

1　再交付申出年月日

再交付の申出をする年月日を記入します。

2　被相続人の表示

被相続人の氏名、最後の住所（一覧図に記載されているとおりに記入します。）、生年月日及び死亡年月日を記入します。

3　申出人の表示

1　再交付の申出人

再交付の申出人となれるのは、当初の申出において申出人となった者とその相続人に限られています（規則247⑦）。当初の申出人とその相続人以外の相続人が一覧図の写しの再交付を受けたい場合には、別途、一覧図の保管及び交付の申出をする必要があります。なお、この場合、当初の申出人から再交付の申出に係る委任を受けて申出をすることは可能です。

なお、再交付申出書には、次に掲げる書面の添付が必要となります（規則247⑦・③六・七、基本通達第2　8(2)）。

① 申出人氏名住所確認書面（申出人の氏名・住所を確認できる公的証明書。運転免許証や健康保険証でもよく、写しの場合は申出人の原本証明が必要になります。Case46も同じ。）

② 当初の申出以降、再交付申出人の氏名や住所に変更がある場合は、その変更経緯が明らかとなる書面

③ 代理人によって申出をするときは、代理人の権限を証する書面

2　申出人の表示

申出人の住所、氏名、連絡先及び被相続人との続柄を記入し（規則247⑦・②一）、押印します（規則247⑦・③本文）。当初の申出人又はその相続人であれば、複数人から申出をすることもできます。被相続人との続柄は、必ずしも戸籍どおりに記載する必要はなく「子」等の表記で足ります。代理人が申出をする場合には、押印は不要です。

4　代理人の表示

代理人の住所、氏名又は名称、連絡先、代理人が法人であるときはその代表者の氏名を記入し、申出人との関係が法定代理人・委任による代理人のどちらであるかをチ

ェックします（規則247⑦・②二）。戸籍法10条の2第3項に掲げる代理人の場合は、事務所と資格名・氏名を記入し、押印します（認め印で可ですが、登記所の窓口で一覧図の写しの交付を受ける際は、同一の印を再交付申出書の「受取」欄に押印する必要があります（基本通達第2 7(5)ア)。)。

委任状については、後掲【書式】法定相続情報一覧図の写しの再交付の申出の委任状を参照してください。

5 利用目的

一覧図の写しの利用目的をチェックします（規則247⑦・②三）。登記官は、申出書に記載された利用目的が相続に起因する登記その他の手続に係るものであり、その提出先が推認できることを確認します。また、その利用目的に鑑みて交付を求める通数が合理的な範囲内であることも確認します（基本通達第2 4(4)）。そのため、「その他」欄に記入する場合は、単に「相続手続」等と記載するだけでは登記官が提出先を推認することができないため、具体的な相続手続の名称（例えば「株式の相続手続」等）を記入します。

6 必要な写しの通数・交付方法

一覧図の写しの必要通数を記入し（規則247⑦・②四）、一覧図の写しの交付方法にチェックします（規則247⑦・②七）。窓口で受け取るときは、再交付申出書の「申出人の表示」又は「代理人の表示」欄に押印したものと同一の印を再交付申出書の「受取」欄に押印することになります。郵送で受け取るときは、返信用封筒と郵便切手が必要になります。この場合の郵便は、書留郵便等発送記録が残る方法が望ましいとされています。

7 法務局

申出先登記所は、当初の申出をした登記所のみです（規則247⑦）。再交付の申出をする登記所名を具体的に記入します。

【書式】法定相続情報一覧図の写しの再交付の申出の委任状

委 任 状

（代理人）

　　　住　所　　○県○市○町○番○号

　　　氏　名　　司法書士　○○○○

私は，上記の者に対し，以下の被相続人の相続に係る次の権限を委任する。

1　法定相続情報一覧図の写しの再交付の申出をすること
2　法定相続情報一覧図の写し及び返却される添付書面を受領すること
3　上記1及び2のほか，法定相続情報一覧図の写しの再交付の申出に関して必要
　な一切の権限

　　　被相続人の最後の住所（又は本籍）
　　　　○県○市○町○番○号
　　　被相続人の氏名
　　　　春野　太郎
　　　死亡年月日
　　　　令和○年○月○日

　　令和○年○月○日
　　　　　　（委任者）
　　　　　　　住　所　　○県○市○町○番○号
　　　　　　　氏　名　　春野　一郎　　　　　　　　㊞

第3章　第3　法定相続情報一覧図の写しの再交付の申出書　　231

Case46　当初の申出人の相続人が再交付の申出をする場合

作成時のポイント

法定相続情報一覧図の再交付の申出書				
再交付申出年月日 ①1	令和○年○月○日		法定相続情報番号	-　　-
被相続人の表示 ②2	氏　　　名　春　野　太　郎 最後の住所　○県○市○町○番○号 生 年 月 日　昭和○年○月○日 死亡年月日　令和○年○月○日			
申 出 人 の 表 示 ③3	住所　○県○市○町○番○号 氏名 春　野　　翔 連絡先　○○○－○○○－○○○○ 被相続人との続柄　（　　　子の子　　　）			
代 理 人 の 表 示 ④4	住所（事務所）　○県○市○町○番○号 氏名　司法書士　○○○○　㊞ 連絡先　○○○－○○○－○○○○ 申出人との関係　　□法定代理人　　☑委任による代理人			
利　　用　　目　　的 ⑤5	☑不動産登記　□預貯金の払戻し　□相続税の申告 □その他（　　　　　　　　　　　　　　　　　　　　　　　　　　）			
必要な写しの通数・交付方法 ⑥6	○通　　　（　☑窓口で受取　　□郵送　） ※郵送の場合，送付先は申出人（又は代理人）の表示欄にある住所（事務所）となる。			
上記通数の法定相続情報一覧図の写しの再交付を申出します。交付を受けた一覧図の写しについては，相続手続においてのみ使用し，その他の用途には使用しません。3か月以内に一覧図の写しを受け取らない場合は，廃棄して差し支えありません。 　　　　　○○（地方）法務局　　　　　　○○　支局・出張所　　　　　　　宛　⑦7				
受領	確認	交付		受取

※黒太枠内の事項を記入します。

ポイント解説

1 再交付申出年月日 →Case45 **1** 参照

2 被相続人の表示 →Case45 **2** 参照

3 申出人の表示

1 再交付の申出人

再交付の申出人となれるのは、当初の申出において申出人となった者とその相続人に限られています（規則247⑦）。当初の申出人の相続人が再交付の申出をするときは、相続人であることを証する書面（戸除籍謄抄本・記載事項証明書等）、申出人氏名住所確認書面、及び代理人によって申出をするときは、代理人の権限を証する書面の添付が必要となります（規則247⑦・③六）。

なお、当初の申出人とその相続人以外の相続人が一覧図の写しの再交付を受けたい場合には、別途、一覧図の保管及び交付の申出をする必要があります。ただし、当初の申出人から再交付の申出に係る委任を受けて申出をすることは可能です。

2 申出人の表示

申出人の住所、氏名、連絡先及び被相続人との続柄を記入し（規則247⑦・②一）、押印します（規則247⑦・③本文）。当初の申出人又はその相続人であれば、複数人から申出をすることもできます。被相続人との続柄は、必ずしも戸籍どおりに記載する必要はなく「子の子」等の表記で足ります。代理人が申出をする場合には、押印は不要です。

4 代理人の表示 →Case45 **4** 参照

5 利用目的 →Case45 **5** 参照

6 必要な写しの通数・交付方法

一覧図の写しの必要通数を記入し（規則247⑦・②四）、一覧図の写しの交付及び添付書面の返却方法にチェックします（規則247⑦・②七）。窓口で受け取るときは、再交付申出書の「申出人の表示」又は「代理人の表示」欄に押印したものと同一の印を再交付申出書の「受取」欄に押印することになります。郵送で受け取るときは、返信用封筒と郵便切手が必要になります。この場合の郵便は、書留郵便等発送記録が残る方法が望ましいとされています。

7 法務局 →Case45 **7** 参照

ケース別

法定相続情報証明制度　書類作成のポイント
ー法定相続情報一覧図・申出書ー

令和元年10月18日　初版発行

編　　集　　日本司法書士会連合会

発 行 者　　新日本法規出版株式会社
　　　　　　代表者　星　　謙一郎

発 行 所　　新日本法規出版株式会社
本　　社　　(460-8455)　名古屋市中区栄1－23－20
総轄本部　　　　　　　　電話　代表　052(211)1525
東京本社　　(162-8407)　東京都新宿区市谷砂土原町2－6
　　　　　　　　　　　　電話　代表　03(3269)2220
支　　社　　札幌・仙台・東京・関東・名古屋・大阪・広島
　　　　　　高松・福岡
ホームページ　https://www.sn-hoki.co.jp/

※本書の無断転載・複製は、著作権法上の例外を除き禁じられています。＊＊＊
※落丁・乱丁本はお取替えします。　　　　ISBN978-4-7882-8631-3
5100089　法定相続情報　Ⓒ日本司法書士会連合会 2019 Printed in Japan